T4-AVA-933

РУССКИЙ БЕСТСЕЛЛЕР

Александра
МАРИНИНА

Я УМЕР ВЧЕРА

ТОМ 2

МОСКВА 1999

УДК 882
ББК 84(2Рос-Рус)6-4
М 26

Разработка серийного оформления
художников *С. Курбатова* и *А. Старикова*

Серия основана в 1994 году

Маринина А. Б.
М 26 Я умер вчера: Роман. В 2-х т. Т. 2. — М.: ЗАО Изд-во ЭКСМО-Пресс, 1999. — 400 с. (Серия «Русский бестселлер»).
ISBN 5-04-000437-0

УДК 882
ББК 84(2Рос-Рус)6-4

ISBN 5-04-000437-0

ГЛАВА 12

Таких людей, как Дмитрий Захаров, Настя считала людьми без комплексов. Их было трудно обидеть, но не менее трудно и переубедить в чем-либо, если они уверены в своей правоте. Самое главное — они были полностью лишены стеснительности, именно поэтому и не были ранимы и неуверенны в правильности своих поступков.

Захарову было откровенно скучно на своей хорошо оплачиваемой охранной работе, и потому он настойчиво предлагал Насте свою помощь. Помощь, конечно, была нужна, кто же спорит, но Настю несколько настораживало постоянное мужское внимание Димы. Не то чтобы он был ей неприятен, наоборот, он славный и очень симпатичный, но ей это все совсем не нужно...

И тем не менее помощь она все-таки приняла. Первого визита в частное сыскное агентство «Грант» вполне хватило, чтобы понять: ей там не рады и рады никогда не будут. Зато Димка умеет разговаривать с ними на своем языке, и есть шанс, что он будет понят.

Убийство депутата Государственной Думы Юлии Готовчиц висело на Насте тяжким грузом. Она не умела и не любила разбираться в политике и была искренне рада, что эту часть работы вел Юра Коротков. Сама же она занималась версией, согласно которой Юлию Николаевну убили из-за того, что она организовала слежку за собственным мужем. В соответствии с этой версией, искомый убийца обнаружил наблюдателей и выяснил, кто их послал. Вот это и был самый деликатный вопрос, ибо узнать имя заказчика можно было только либо от тех, кто осуществлял слежку, либо от руководства сыскного агентства. И Дмитрий Захаров пообещал Насте в этом направлении поработать.

На Настину же долю в разработке этой версии досталась проверка всех тех людей, которые были указаны в отчетах, представленных агентством «Грант» заказчице Готовчиц. Если версия верна, то среди них есть тот, кто обнаружил слежку и кому это сильно не понравилось. Однако время шло, количество разных справок и документов на столе у Насти росло, а толку все не было. С момента оформления договора в агентстве и вплоть до убийства заказчицы муж Юлии Николаевны встречался и общался с крайне ограниченным кругом лиц, из дома выходил редко, перечень его контактов охватывал преимущественно тех, кто приходил к нему на прием как к психоаналитику. Пациенты у Бориса Михайловича Готовчица были самые разные, никто из них не был похож на убийцу, но в то же время ни о ком нельзя было сказать что-то абсолютно точное. Люди как люди, со своими проблемами, с которыми они не могут справиться, со своими странностями (а кто без них?), со своими чувствами любви и ненависти (опять же, а у кого их нет?), со своими достоинствами и недостатками. Каждый из них не был похож на преступника, и каждый из них в равной степени мог им оказаться. Глубоко разрабатывать каждого — бессмысленно. Если бы вся Петровка дружно раскрывала одно-единственное убийство, тогда конечно, а так...

Полковник Гордеев не делил своих подчиненных на любимчиков и черную кость, и если и шел кому-то навстречу, то не из чувства особой любви, а исключительно из соображений житейской целесообразности. Он хорошо усвоил еще с первых лет своего пребывания в должности начальника отдела, что рабский труд — самый непродуктивный. Если человек не хочет делать дело, он никогда не сделает его хорошо, даже если проявит феноменальную добросовестность, потому что принуждение убивает фантазию и интуицию. А без фантазии и интуиции ты не мастер, ты просто ремесленник. Исходя из этих соображений, Виктор Алексеевич уберег Настю от участия в работе оперативно-следственной бригады, созданной для расследования убийства депутата Готовчиц. Зачем мучить человека, все равно толку не будет. Кроме того, полковник сделал ставку на Настину совестливость, и, как обычно, оказался прав. Он знал ее много лет и успел за это время хорошо изучить, поэтому почти всегда мог точно предсказать ее поступки.

— А можно я втихаря все-таки отработаю версию с частными сыщиками? — спросила она.

— Можно, — кивнул Гордеев, — но не втихаря. Партизанщины не терплю, от нее один вред и сплошные недоразумения. Договорись с Коротковым, пусть предложит Гмыре отработку версии и возьмет на себя, а делать будешь ты. Вообще-то я в чужие дела не лезу, особенно постельные, но ты мне скажи: эта версия в самом деле кажется тебе перспективной, или все дело в Захарове?

Настя залилась краской. Откуда Колобок узнал? Это же было почти пять лет назад, и всего один раз. Больше она с Димой нигде не пересекалась.

— А ты чего краснеешь-то? — удивился Виктор Алексеевич. — Подумаешь, тоже мне еще. Когда по Галлу работали, Захаров на тебя глаз положил, это даже слепой не смог бы не увидеть. Уж как он на тебя смотрел, уж как слюни пускал! Ты не думай, что раз я старый, то перестал быть мужиком. Я такие вещи с лета улавливаю, чутье еще не потерял. Вот и подумал, что он, наверное, рад случаю с тобой снова пообщаться, а коль так, то специально подогревает в тебе интерес к этой версии, потому как без него тебе с ней не разобраться. Ну? Прав твой старый начальник или нет?

— Нет, — твердо сказала Настя. — Но вообще-то — да. Захаров действительно пытается за мной ухаживать, но, во-первых, это совершенно несерьезно, а во-вторых, влиять на мой интерес к той или иной версии невозможно. Никаким способом. Даже швырянием под ноги роскошных букетов. Интерес у меня или есть, или его нет, и никакой прекрасный принц тут ничего поделать не сможет.

— Ох ты Боже мой, какие мы самостоятельные! — фыркнул начальник. — Я смотрю, ты сопли распускать перестала. Никак за ум взялась?

— Я стараюсь, — улыбнулась она.

— Ладно, старайся дальше, — проворчал Гордеев.

Она сделала так, как велел Колобок, договорилась с Юрой Коротковым, который долго кричал, что врать нехорошо и тем более дурно присваивать себе чужие заслуги. А если вдруг окажется, что работа именно по Настиной версии дала положительный результат? Все награды и похвалы достанутся кому? Ему, Короткову, который якобы придумал и предложил следствию перспективную версию, а потом еще и успешно реализовал ее.

— Да ладно тебе, Юрик, — уговаривала его Настя, — у меня нет честолюбия.

— Зато у меня есть совесть, — упрямился он.

Но в конце концов все-таки сдался.

Следователь Гмыря к версии отнесся более чем скептически.

— Политиков убивают из политических соображений, — сердито говорил он Короткову, — а депутат Готовчиц — именно политик. Так что в первую очередь разбирайся в ее конфликтах по поводу налоговых проблем в парламенте. А частными сыщиками займешься в свободное время. Все понял?

Это Короткова не обескуражило, ибо в отличие от Насти он на интонации не реагировал и вызвать чье-либо недовольство не боялся. Он был нормальным сорокалетним оперативником, который думает в первую очередь о деле, а не о том, что кто-то на него косо посмотрел или не так что-то сказал. Главное — Гмыря поставлен в известность, теперь можно проводить любые мероприятия, не опасаясь упреков в самодеятельности и партизанщине.

* * *

Накануне, в субботу, Настя сладостно мечтала о том, как будет завтра спать до полного изнеможения. То есть часов до десяти, а если повезет, то и до одиннадцати. Она все еще не нашла в себе сил поговорить с Алексеем, дни, проведенные без мужа, шли один за другим, чувство неловкости и стыда за свое поведение как-то ослабевало, словно так и должно быть: она живет одна, а Лешка где-то там, в Подмосковье, в Жуковском. Так лучше. Так привычнее. Иногда даже закрадывалась трусливая мысль оставить все как есть и ничего не менять, не говорить с Лешей, не извиняться и ничего не объяснять. Если в конце концов он из-за этого разведется с ней — что ж, так тому и быть. Она от природы не приспособлена для семейной жизни. А работа в уголовном розыске, в свою очередь, тоже нормальным семейным отношениям противопоказана.

Но мечтам, как водится, сбыться не удалось. Около половины одиннадцатого вечера в субботу позвонил генерал Заточный.

— Как насчет Готовчица? — спросил он. — Вам есть что рассказать мне?

— Немного, — призналась Настя. — Только личные впечатления.

— А большего я и не прошу, — усмехнулся Иван Алексеевич. — Все остальное я в состоянии узнать и без вас. Встретимся завтра.

Он не спрашивал и не просил, он приказывал. «И почему я все это терплю от него?» — не переставала удивляться Настя. В самом деле, никто, даже любимый муж не мог вот так запросто заставить ее встать в воскресенье в шесть утра. А Заточному достаточно было просто сказать: встретимся завтра. Она могла скрипеть зубами от злости, могла жалобно просить его назначить встречу не на семь утра, а хотя бы на девять (и, разумеется, получить отказ, ибо генерал Заточный своих привычек не менял), могла проклинать все на свете, но тем не менее вставала ни свет ни заря и шла в Измайловский парк.

Ночь с субботы на воскресенье Настя провела в целом спокойно, но как-то бестолково. Вроде и не нервничала, но и отдохнуть как следует не сумела. Перед сном залезла в горячий душ, чтобы согреться и расслабиться, проветрила комнату, приняла три таблетки валерьянки и улеглась в чистую свежую постель. Подгребла под себя обе подушки, закуталась в теплое одеяло, свернулась в клубочек и тут же поймала себя на том, что лежит по привычке на самом краю дивана, хотя она одна и места более чем достаточно. С удовольствием переместившись подальше от края, она вместо того, чтобы засыпать, стала ни с того ни с сего перечислять по пунктам все положительные и отрицательные стороны отсутствия мужа. Главным отрицательным фактом было то, что Алексей обижен и потому не хочет больше с ней жить. Конечно, это ее вина, только ее, так нельзя себя вести. Что бы ни случилось, людей обижать нельзя, если они этого не заслужили. Настя изо всех сил напряглась, но больше ни одного отрицательного момента найти не смогла, и это привело ее в ужас. Она одна в квартире, можно молчать и ни с кем не разговаривать. Разве не этого она хотела, когда мысленно умоляла мужа замолчать? Этого. Вот и получила. Не нужно оправдываться и извиняться за то, что вовремя не позвонила и не предупредила, что задержится. Не нужно заставлять себя съедать приготовленный Лешкой ужин, когда есть совсем не хочется и кусок в горло не лезет. Куда ни кинь — одни сплошные плюсы. Идиотка, и зачем она дала себя уговорить и вышла за него замуж? Не надо было этого делать.

Она раздраженно повернулась на другой бок, почувствовала непривычно большое пространство рядом и с досадой подумала: «И спать одной куда как приятнее. Места много. А то Лешка вечно меня в стенку вжимает. Интересно, на кого это я так разозлилась? На себя, не иначе. Больше-то все равно не на кого».

Заснув с этой мыслью, она через некоторое время проснулась и удивилась сама себе. Как это только один отрицательный момент? Да не может такого быть. Наверное, она просто устала, неделя была тяжелая, как всегда после длинных праздников, поэтому голова работает плохо, вот и насчитала невесть чего. Надо продумать все сначала, и наверняка окажется, что акценты должны быть расставлены совсем не так.

Она улыбнулась в темноте и снова принялась перечислять плюсы и минусы отсутствия Алексея. Результат ее огорчил донельзя, ибо получился тем же самым. «Я еще мало отдохнула, — расстроенно подумала Настя, — в голове сплошная каша из каких-то полубредовых идей. Еще немножко посплю, потом повторю попытку».

Но и третья попытка ни к чему новому не привела. Так ночь и прошла: часполтора сна, потом подведение баланса плюсов и минусов, снова недолгий сон — и так далее. Встав в шесть утра, Настя с неудовольствием оценила минувшую ночь как малопродуктивную. И отдохнуть толком не сумела, и никаких пригодных к использованию мыслей не появилось. Подавленная и унылая, она пришла в Измайловский парк на встречу с генералом Заточным.

Иван Алексеевич появился в сопровождении Максима. Несмотря на то, что оба они были одеты в одинаковые красные спортивные костюмы, их даже издалека нельзя было принять за отца и сына. Настю каждый раз поражало их абсолютное несходство. Худощавый невысокий генерал с желтыми тигриными глазами и солнечной улыбкой, и крепкий широкоплечий Максим, совсем недавно избавившийся от лишнего веса и еще год назад бывший пухлым и неуклюжим, кареглазый, ужасно серьезный и скупой на проявления приветливости.

— Здрасьте, теть Насть, — буркнул Максим, который, как и сама Настя, был классической «совой», вставать рано не любил, но справляться с возникающим по этому поводу раздражением, в отличие от Насти, пока еще не научился.

— Что это? — удивилась она. — Опять тренировки?

— Опять, — кивнул генерал. — Максим начал терять форму. В прошлом году перед вступительными экзаменами он занимался ежедневно, а теперь поступил в институт, разленился, решил, что все самое страшное позади и можно валять дурака. Вчера я предложил ему поотжиматься, и результат меня не порадовал. Он свалился после двадцати пяти отжиманий. Ну куда это годится?

— А вы сами-то сколько раз отжались? — поинтересовалась Настя.

— А я, Анастасия, делаю это каждый день по триста раз. Поэтому мне стыдно за своего сына. Я с себя вины не снимаю, не надо было упускать, но главное — вовремя спохватиться. Максим, начинай заниматься, а мы с Анастасией побродим вокруг тебя.

Юноша безысходно махнул рукой, сделал глубокий вдох и трусцой побежал в глубь аллеи.

— Вы жестоки, Иван Алексеевич, — покачала головой Настя. — Вы в восемнадцать лет тоже, наверное, едва-едва двадцать пять раз отжимались.

— И десяти не вытягивал, — рассмеялся генерал. — Я в детстве был самым маленьким и худеньким, меня вечно соседские мальчишки колотили, бутерброды отбирали, деньги, которые родители на кино и на мороженое давали. А когда мне было восемнадцать, культа физической формы не было. Это была середина шестидесятых, тогда, чтобы считаться современным и модным, нужно было знать много стихов и бардовских песен, ходить в походы, петь под гитару у костра, ездить в Питер на белые ночи и хотеть быть геологом. Вы этого не помните, вам тогда лет пять-шесть было, верно?

— Верно. Сама этого не помню, но от родителей наслышана.

Они некоторое время молча шли по аллее в том направлении, куда убежал Максим. Разговаривать Насте не хотелось, и она радовалась, что Заточный не спешит задавать вопросы. День обещал быть теплым и солнечным, и воздух в парке был сочным и вкусным. Настя подумала, что, если бы не ее вечная занятость и природная патологическая лень, можно было бы получать от жизни множество маленьких радостей, вот хоть, например, от таких утренних прогулок среди пышной зелени, наслаждаясь прохладной утренней свежестью. Каждый раз она злится чуть ли не до слез, когда встает в выходной день, чтобы идти на прогулку с Иваном, а потом радуется, что он ее вытащил на воздух.

Из неспешных приятных раздумий ее вывел голос генерала.

— Корпус не наклоняй вперед, Максим! Плечи свободнее! Вот так, молодец. Ну, Анастасия, я жду. Каковы ваши впечатления от Готовчица?

— Впечатления сложные, но, Иван Алексеевич, вы должны быть снисходительны и отнестись к тому, что я скажу, с пониманием. У человека огромное горе, у него погибла жена, поэтому вполне естественно, что его поведение сейчас — это вовсе не норма для него. Он подавлен, у него депрессия. Борис Михайлович, насколько я успела заметить, практически не выходит из дому. Но к его чести следует отметить, что единственное, что способно вывести его из депрессии, — это работа. Работу свою он любит, живет ею, дышит. Это, пожалуй, единственное, что осталось в его жизни. И он цепляется за нее как за спасательный круг, который не даст ему утонуть в его горе.

— У него есть сын, — заметил генерал. — Он много о нем говорит?

— Не говорит вообще. Один раз я задала вопрос о мальчике, он сказал, что сын в Англии, учится там и живет в семье родственников Юлии Николаевны. На похороны он его не вызывал, чтобы не травмировать ребенка. И все, больше ни слова не произнес. А что, с сыном что-то не так? У вас другие сведения?

— Нет-нет, сведения у меня те же самые. Готовчиц не лжет насчет мальчика, все именно так, как он вам сказал. Вероятно, он считает сына отрезанным ломтем. Мальчик будет учиться в Англии, закончит колледж, поступит в престижный университет, денег у Бориса Михайловича достаточно, чтобы оплатить его образование. Смешно надеяться, что после всего этого Готовчиц-младший захочет вернуться в Россию. Что ему здесь делать? Жены нет, сына нет, остается только профессиональная деятельность. Простите, я вас перебил. Продолжайте, пожалуйста.

— Он очень хочет произвести хорошее впечатление как профессионал, но мы с вами только что этот момент прояснили. Действительно, после гибели жены работа вышла для него на первое место, и вполне понятно, что он очень хочет быть принятым к вам на службу. Оставаться частнопрактикующим психоаналитиком означает остаться в том же замкнутом кругу своей квартиры, где он ведет прием. А ему хочется сменить обстановку. Конечно, он мог бы пойти работать в какую-нибудь клинику, институт или в центр чего-нибудь, например, по работе с наркоманами, или с неудавшимися самоубийцами, их много всяких в Москве, но, вероятно, работа в МВД кажется ему более интересной, привлекательной и престижной. И это говорит, как мне кажется, в его пользу.

— Это хорошо. Что еще говорит в его пользу? Вы же понимаете, что желание работать — это далеко не все. Нужно еще и умение.

— Ну... — Настя замялась. — Я все-таки не психиатр, поэтому вряд ли могу дать достаточно надежную оценку его профессионализму. Я попробовала поговорить с ним о своих проблемах и могу вам сказать, что он разобрался в них довольно быстро и безошибочно. Другой вопрос, что он так же быстро и уверенно поставил диагноз, чего психиатры обычно не делают. У них на постановку диагноза уходит много времени, и в первый же визит больного этого не происходит никогда. А Борис Михайлович ничтоже сумняшеся заявил, что у меня невроз. Меня это немножко насторожило, но потом я нашла объяснение.

— Да? И какое же?

— Для него действительно сейчас важнее всего — понравиться вам, его будущим работодателям. Он же неглупый человек и прекрасно понимает, что мои впечатления от встреч с ним будут обязательно доведены до вас. Он не имеет в виду лично вас, Иван Алексеевич, поскольку вас не знает, он имеет в виду тех, от кого зависит принятие решения о приглашении его на работу в МВД. Готовчиц, как и все граждане, не работающие в правоохранительной системе, не делит сотрудников органов внутренних дел на работников центрального аппарата и низовых звеньев, не отличает друг от друга следователей и оперативников, кадровиков и патрульных. Для него мы все — одна сплошная милиция. И поскольку Готовчицу наверняка и в голову не приходит, что старший опер с Петровки, то есть я, не имеет ничего общего с руководителем главка по организованной преступности, то есть вами, он искренне старается произвести на меня хорошее впечатление, полагая, что мы с вами варимся в одном котле, знакомы друг с другом и что вы непременно со мной поговорите о нем и спросите мое мнение. А потому он поторопился поставить мне диагноз, чтобы показать, как легко и быстро он умеет разбираться в чужих душах. Достает кроликов из шляпы на глазах у изумленной публики.

— Позвольте, разве он не боится, что именно эта поспешность заставит нас усомниться в его профессионализме? — недоверчиво спросил Заточный. — Или он считает нас всех безграмотными идиотами, которые не понимают, что такого рода диагнозы с первого раза не ставятся?

— Ну, Иван Алексеевич, я же просила вас быть снисходительным. Борис Михайлович рассудил вполне здраво. Он видел, что я не обманываю его, рассказывая о своих проблемах, стало быть, проблемы эти у меня действительно есть. Так неужели же я, майор милиции, старший оперуполномоченный уголовного розыска, побегу рассказывать вам о том, что у меня, по мнению опытного специалиста, невроз? Конечно, не побегу. Про невроз я буду молчать даже под пытками, ибо это не пристало милиционеру. А вам скажу, что Борис Михайлович Готовчиц — очень хороший специалист, вот и все. И о его милом маленьком фокусе никто никогда не узнает.

— А вы? Вы ведь с самого начала знали, что это фокус, обман. Почему он не боится, что вы оцените это должным образом и дадите профессору Готовчицу нелестную характеристику?

— Я? — Настя расхохоталась. — Да что вы! Кто, глядя на меня, поверит, что я что-то понимаю в неврозах? Так, серая мышка, ни два ни полтора, сплошное недоразумение. Я же не кричу на каждом углу о том, что в свое время прослушала курс психодиагностики у одного из крупнейших специалистов в нашей стране. Да и судебную психиатрию в университете изучала целый год. Скажу вам честно, что существо своих проблем я прекрасно понимала и без консультации Готовчица, я просто проверила сама себя, а заодно и его.

— Правильно ли я понял, что со мной вы об этих проблемах говорить не хотите?

Настя резко остановилась. Заточный, однако, продолжал медленно идти вперед, даже не обернувшись. Справившись с оторопью, она сделала несколько быстрых шагов и догнала его.

— В чем дело? Чем вам так не понравился мой вопрос?

— Бестактностью, — брякнула она первое, что пришло в голову.

— Мило, — усмехнулся Иван Алексеевич. — Вы таким образом ставите меня на место. Мол, не лезь мне в душу, Заточный, и без тебя разберусь. Кто ты такой, чтобы я рассказывала тебе о своих бедах. Так?

— Нет, — она растерялась и одновременно разозлилась, — не так. Зимой вы мне ясно дали понять, что вы — не жилетка для моих слез. А мне дважды повторять одно и то же не нужно, я вообще-то понятливая.

— Вы не понятливая, вы злопамятная, — поправил ее генерал. — Не далее как той же зимой я вам объяснил, что мое поведение тогда было вынужденным, оно было продиктовано интересами операции, которую мы проводили в отношении вашего начальника Мельника. Но вы не сочли нужным извинить меня, обиделись и продолжаете дуться до сих пор. Это неправильно, Анастасия. Друзей надо уметь прощать. Но, поскольку вы этому еще не научились, вернемся к Готовчицу. Судя по аккуратности ваших формулировок, есть что-то еще, о чем вы умалчиваете.

— Есть, — согласилась она. — Все, что я говорила о Борисе Михайловиче, нужно принимать с большой поправкой на его состояние. Полагаю, что в обычном состоянии он действительно хороший специалист и может принести пользу в работе информационно-аналитической службы. А его смешная попытка произвести впечатление путем немедленной постановки мне диагноза может объясняться тем, что в нынешних условиях он просто плоховато соображает.

— То есть вы полагаете, что по миновании депрессии, связанной со смертью жены...

— Я имею в виду другое, — перебила его Настя. — Дело не в депрессии. Дело в страхе. И винить в этом нужно наших сотрудников.

— А что такое? — спокойно поинтересовался Заточный. — Вы со следователем с размаху напугали бедного психоаналитика подозрениями в убийстве собственной жены?

— Да нет, мы с ним ласковы и внимательны, а вот те, кто проводил проверку Готовчица на благонадежность, сработали топорно. В службе наружного наблюдения, кажется, не осталось ни одного крепкого профессионала, во всяком случае, они действуют так неумело и грубо, что Борис Михайлович их срисовал в ту же минуту, постоянно чувствовал их внимание к своей особе, и вполне естественно, что это выбило его из колеи. Знать, что за тобой следят, и не понимать, кто и почему — развлеченьице, которого и врагу не пожелаешь.

— Бардак, — в сердцах бросил Заточный. — Хорошо, что вы мне об этом сказали. Завтра же с утра свяжусь с руководством «наружки». Чтобы разговор был более предметным, я возьму у них фотографии всех, кто проводил проверку Готовчица, пусть он ткнет пальчиком в тех, кто его пас. Это будет наглядным уроком того, как не надо работать. И что, Готовчиц сильно испугался?

— А вы как думаете? Конечно, сильно. Он же обычный человек, ни в каком криминале не замешанный. Скажу вам больше: он решил, что сошел с ума. А что еще должен был подумать человек, который знает, что никто за ним следить не может? Он ничего не украл, никого не убил, с криминальными структурами дела не имеет. Вот Борис Михайлович и решил, что у него развивается мания преследования. Хуже того: кто-то взломал дверь и проник в его квартиру, но ничего не украл. Это вам ни о чем не говорит?

— Вы думаете, тоже наши постарались?

— Уверена. Если они проводили проверку, то вполне могли захотеть порыться в его бумагах. Вот и порылись. А человек теперь сам не свой от ужаса. И я не знаю, как его успокоить. Ведь правду сказать нельзя, а придумать приемлемое объяснение я не могу. Иван Алексеевич, ну сколько же это будет продолжаться, а? Ну когда у нас появится возможность осуществлять высококачественную профессиональную подготовку?

— Вероятно, когда вас, Анастасия, назначат министром внутренних дел, — усмехнулся Заточный. — Не нужно мечтать о несбыточном. До тех пор, пока государственная казна будет латать тришкин кафтан, в нашем ведомстве ничего не изменится. Придется терпеть и мириться с тем, что есть.

Они присели на поваленное дерево, наблюдая за Максимом, который чередовал подтягивания на турнике с отжиманиями. Настя молча курила, думая о своем, Иван Алексеевич следил за сыном с секундомером в руках.

— А если вернуться к нашему разговору, который состоялся зимой? — неожиданно спросил он.

Настя так глубоко ушла в свои мысли, что даже не сразу сообразила, о чем он говорит.

— К какому разговору? — непонимающе спросила она.

— О том, чтобы вам сменить работу.

— Спасибо, — она слабо улыбнулась, — но я уже не хочу. Ложка, как говорится, дорога к обеду, а яичко — к Христову дню. Гордеев вернулся, больше мне желать нечего.

— Так и просидите до самой пенсии в майорских погонах?

— А, вы об этом... Ну что ж делать, значит, просижу. Отчим считает, что мне нужно попытаться поступить в адъюнктуру, защитить диссертацию и остаться на преподавательской или на научной работе, тогда есть все шансы дослужиться до полковника.

— И как вам такой план?

— Да не очень, честно признаться. Преподавать не хочу категорически, а наука... Что ж, это дело интересное и полезное, но я, знаете ли, насмотрелась на научных работников, которые, кроме унижения и оскорблений, не получали за свои научные изыскания ничего. Не хочу оказаться на их месте.

— Ну, ради звезд на погонах можно и

унижение перетерпеть, — заметил генерал, не глядя на нее.

— Вы думаете?

— Знаю.

— Все равно не буду. Не хочу. Звезды — это ваши мальчиковые игрища, а для девушки честь дороже. Унижаться и терпеть оскорбления я не стану ни за какие звезды.

— А если без этих самолюбивых страстей? — спросил генерал. — Если я предложу вам хорошую, интересную работу, пойдете?

— И бросить Гордеева и ребят? Ради чего?

— Ради звезд, ради них, родимых. Поработаете у меня, получите звание подполковника, не понравится — вернетесь на Петровку. Отпущу по первому же требованию, обещаю. Мне нужен хороший аналитик.

— Так вы же меня не отпустите, если я вам нужна, — рассмеялась Настя. — Нашли дурочку.

— А мы с вами вступим в сговор, — весело возразил Заточный. — Я возьму на работу вас и еще кого-нибудь толкового, вы за годик научите его аналитической работе, подготовите себе замену — и с чистой совестью на волю, в пампасы городской преступности.

«А почему, собственно, я сопротивляюсь? — мысленно спросила себя Настя. — Иван предлагает мне то, о чем я мечтала давно. Заниматься только аналитикой и не чувствовать себя виноватой в том, что чисто оперативную работу я делаю от случая к случаю и не в полную силу. Ни перед кем не оправдываться, не терпеть косые взгляды в коридорах Петровки, не слушать за спиной противный шепоток о том, что полковник Гордеев создает своей любовнице тепличные условия. Как начальник Иван не хуже Колобка. Конечно, это совсем другой стиль, Заточный человек жесткий, крутой, безжалостный, он мне поблажек делать не станет, но в них и не будет необходимости. Главное — он мужик очень умный и, безусловно, порядочный. Чего я так цепляюсь за свое место? В майорах уже без малого пять лет хожу, по хорошему-то почти год назад должна была подполковника получить. И не в том дело, что мне эти погоны нужны, а в том, что по погонам, вернее, по их своевременной смене другие начальники и сотрудники судят о моем уме. Переходила в майорах? Значит, дура, значит, ни на что не годишься, а может, в личном деле у тебя не все в порядке. Ну-ка посмотрим, что там, в личном деле-то? Ах, вот оно что, отстранение от работы и служебное расследование по факту связи с криминальными структурами. Сам Эдуард Денисов в друзьях у Каменской. Ну и что, что ничего не накопали, это в документах так записано, мало ли по каким причинам. А на самом деле, значит, запятнана, прокололась, потому и не двигают по службе, и звание очередное не присваивают».

— Я подумаю, — очень серьезно ответила Настя. — Для меня такое предложение неожиданно, я не готова сразу дать ответ.

— Подумайте, — согласился Заточный, — я вас не тороплю.

Через час Настя была дома, бодрая, свежая после прогулки и даже, как ей показалось, полная сил, что вообще-то было ей несвойственно. Из-за плохих сосудов она почти постоянно испытывала некоторую слабость, у нее часто кружилась голова, а от жары и духоты даже обмороки случались. Улыбаясь и что-то мурлыкая себе под нос, она с удовольствием принялась за уборку квартиры, удивляясь сама себе. Муж бросил, работа не ладится, а она поет и радуется жизни. Не к добру это, ох, не к добру.

Она уже закончила пылесосить и готовилась к осуществлению героического подвига в виде мытья окон, когда зазвонил телефон. Это был Дима Захаров.

— Чем занимаешься? — весело спросил он.

— Домашними делами.

— И долго тебе еще трудиться?

— По желанию. Могу прямо сейчас закончить, могу до вечера провозиться. А что?

— Хочу напроситься к тебе в гости. Надо поговорить.

— Тогда напрашивайся, — разрешила Настя.

— Напрашиваюсь.

— Разрешаю. Можешь приехать, так и быть, — милостиво позволила она и засмеялась.

Дима приехал минут через сорок с огромным тортом в руках.

— Спасибо, — поблагодарила Настя, забирая у него объемистую коробку с ярким рисунком.

— Это не тебе, а легендарному профессору, которому посчастливилось стать твоим мужем, — ответил Захаров, снимая обувь.

— Придется тебя огорчить, профессора нет дома.

— Но он же вернется когда-нибудь.

— Боюсь, что нет.

— То есть? — Дмитрий внимательно посмотрел на нее. — Вы что, поссорились? Впрочем, прости, это не мое дело.

— Это действительно не твое дело, — согласилась Настя, — поэтому торт я отнесу на кухню, поставлю чайник, и мы с тобой будем поедать кондитерский шедевр в полное удовольствие.

— Погоди.

Дима придержал Настю за руку, повернул к себе.

— Повторяю, я не лезу не в свое дело, но если вы действительно поссорились, то мне лучше уйти отсюда.

— Ты же хотел поговорить, — насмешливо напомнила ему Настя.

— Поговорить можно и на улице. Я слишком хорошо знаю, как это бывает, когда муж ссорится с женой и уходит, а потом возвращается и обнаруживает в своей квартире постороннего мужчину. В этой ситуации не помогает ничего, кто бы этим мужчиной ни был: родственник, сотрудник, сосед, друг детства. Сам через это проходил, поэтому знаю точно. Не родился еще тот мужик, который в подобной ситуации не подумал бы: «Шлюха! Только я за порог, она уже привела.

Небось жалуется на меня, сочувствия ищет. Может, даже специально ссору спровоцировала, чтобы меня выпроводить». Короче, Ася, если есть хотя бы малейший шанс, что твой профессор вернется, я ухожу. Давай поедем куда-нибудь, ну хотя бы в Сокольники, погуляем и поговорим.

— Он не вернется, — тихо сказала Настя. — И я больше не хочу это обсуждать. Просто поверь мне: он не вернется.

— Что, так серьезно? — сочувственно спросил Дима.

— Я же сказала: не обсуждается, — сердито повторила Настя. — Пошли на кухню, я чайник поставлю.

Ей было неприятно, что пришлось сказать Димке о ссоре с мужем, но разговор как-то так повернулся, что и не сказать нельзя было, чтобы не соврать. Можно было наплести что-нибудь насчет командировки, но Настя твердо знала, что даже самая невинная ложь может поставить человека в ужасно неловкое положение. Например, позвонит сейчас кто-нибудь Алексею, и придется в присутствии Захарова отвечать, что он в Жуковском. Или еще какая-нибудь неожиданность случится, например, явятся мама с отчимом. Такое за ними водилось, хотя и редко. Но ведь все, что случается редко и потому не принимается во внимание, имеет обыкновение происходить в самый неподходящий момент.

— Стало быть, ты у нас соломенная вдова, — заключил Дмитрий, оглядываясь на кухне и устраиваясь поудобнее за столом. — И часто у вас такое случается?

— В первый раз, — вздохнула Настя. — Дима, я же просила это не обсуждать.

— Ну, Настасья, с тобой тяжело. Куда ни ткни, о чем ни спроси — обязательно попадешь в перечень тем, закрытых для обсуждения. Про мужа нельзя, про наше романтическое прошлое нельзя, про секс нельзя. А про что можно?

— Про Юлию Николаевну, — улыбнулась она. — Про нее можно что угодно и двадцать четыре часа в сутки.

— Ладно, давай про Юлию. Я пошустрил немного в «Гранте», и один парень там мне очень не нравится.

— Кто именно?

— В том-то и дело. Как пел небезызвестный Герман в «Пиковой даме», я имени его не знаю.

— Так в чем проблема? Узнай.

— Ася, не все так просто. Я и так слишком упорно мелькаю в этом агентстве, хотя делать мне там совершенно нечего. Если я прав и этот паренек понял, что я туда нос сую по его душу, то больше мне там появляться нельзя. Ну что я тебе объясняю очевидные вещи, любой опер нутром чувствует, когда из разрабатываемого коллектива пора уносить ноги. Чувствует, и все. Короче, ситуация такова: я хочу сегодня показать тебе этого парня издалека, и дальше ты его работай своими средствами. А я уйду в сторону, иначе будет только хуже.

— Хорошо, — согласилась Настя, — покажи. А чем он тебе так не понравился?

— Я его застукал совершенно случайно, когда он рылся в картотеке директора. Доступ к картотеке имеет только Пашка, да ты его помнишь, наверное, мы же с тобой у него были. Такой противный блондинчик.

— Помню, — кивнула она, разливая кофе в чашки.

— Пашка мне показывал картотеку и говорил, что там хранятся сведения обо всех заключенных агентством договорах. Но поскольку сам принцип работы — это строгая конфиденциальность, то каждый конкретный сотрудник «Гранта» знает только о тех заказах, по которым работает. Сплетни всякого рода запрещены, я имею в виду обсуждение чужих дел. Доступ к картотеке имеет только Паша, больше ни у кого ключа нет. А кабинет свой он не особо запирает, там все секреты только в железном шкафу, где картотека, а все остальное открыто для всеобщего обозрения. Если, например, он в течение дня куда-то отлучается, то никогда дверь не закрывает. И даже разрешает пользоваться кабинетом в свое отсутствие, если нужно принять клиента, а во всех помещениях кто-нибудь да находится. Короче, приехал я вчера, без всякого повода приехал и даже без предупреждения, вроде как мимо проезжал и вроде как в прошлый раз оставил у Паши на столе зажигалку. Прохожу к директору в кабинет, стараясь не привлекать к себе внимания, тихонько открываю дверь и вижу прелестную картину из цикла «Не ждали». Парень перепугался насмерть, побелел, ну а я, как большой актер всех драматических и академических театров, смущенно извиняюсь, лепечу про зажигалку, быстро нахожу ее на столе и тут же ретируюсь, чтобы не спугнуть его. Мне пришлось притвориться, что в его присутствии рядом с открытой картотекой я не вижу ничего особенного. Поэтому я не мог ни спросить у других сотрудников его имя, ни остаться, чтобы подождать Пашу. Его нельзя было пугать, понимаешь? И если я в обозримое время снова появлюсь в агентстве, он задергается из страха, что я покажу на него Пашке и спрошу, какого черта он делал с картотекой.

— Ясно.

Торт был свежим и очень мягким, и Насте пришлось долго выбирать из имеющихся в наличии ножей тот, что был наименее тупым. Но даже самый нетупой нож в ее хозяйстве оказался все-таки недостаточно острым. Когда она начала резать торт, вся красота тут же разрушилась, по облитой глазурью поверхности пошли трещины, куски получились неровными.

— Извини, — виновато сказала она, кладя на тарелку Диме отрезанный кусок, — как умею.

— Да ладно, — добродушно усмехнулся он, — в желудке все равно скомкается. Но вообще-то хозяйка ты аховая, если у тебя в доме такие чудовищные ножи. И как только твой муж это терпит?

— Как видишь, не терпит, — огрызнулась Настя с неожиданной злостью. — Я же просила тебя не затрагивать тему моего мужа.

— Господи, да тебе уж слова сказать нельзя! — возмутился Захаров. — Я говорю не про мужа, а про ножи. Что, ножи — тоже запретная тема?

— Прости.

Настя на секунду отвернулась, сделав вид, что ищет что-то в кухонном шкафчике. Когда она снова села за стол, лицо ее было спокойным.

— Чего ты такая заведенная? — спросил Дима, отправляя в рот отнюдь не маленький кусок торта. — Переживаешь?

— Я не заведенная и не переживаю, — сухо ответила она. — Давай поговорим о приятном.

— Давай, — с готовностью согласился Захаров. — Может, тебе для снятия стресса нужно изменить своему профессору?

— Димка! — с шутливой угрозой в голосе произнесла Настя и демонстративно взяла в руки нож. — Прекрати.

— Нет, я серьезно. Ты подумай, это богатая идея. И вот он я к твоим услугам, восторженный и готовый к подвигам.

Настя не выдержала и расхохоталась.

— Димка, тебя только могила исправит! Ну сколько можно об одном и том же? Перестань меня уговаривать, я все равно не соглашусь.

— Почему?

Он спросил это совершенно серьезно, глядя на нее яркими синими глазами, в которых, как рыба в озере, плескалась ласковая улыбка.

— Почему, Настенька? — повторил он. — Разве то, что я тебе предлагаю, — плохо? Это прекрасно. Это совершенно замечательно. Это делает человека счастливым и свободным, это избавляет его от страданий и от страха смерти.

Она растерянно молчала, не ожидая такого резкого изменения тональности разговора. Захаров встал, обошел стол, нагнулся над Настей и нежно поцеловал в губы. В первый момент она ответила ему, потом резко отшатнулась.

— Захаров, не пользуйся моментом, это пошло.

— Что пошло? — не понял он.

— Затащить в постель женщину, пользуясь тем, что у нее конфликт с мужем. Я могу пойти тебе навстречу, а потом буду сама себе противна.

Он медленно отступил и сел на место.

— Настенька, искренние чувства не могут быть пошлыми уже хотя бы потому, что они искренние. А я хочу тебя совершенно искренне. И если ты пойдешь мне навстречу, тебе не в чем будет себя упрекнуть.

— Я не пойду тебе навстречу, — сказала она, глядя прямо ему в глаза. — Ни-ко-гда. Забудь об этом.

— Ни-ко-гда, — с улыбкой передразнил он, — я никогда об этом не забуду, потому что это было одно из самых ярких впечатлений в моей бестолковой и безалаберной жизни. Но если на сегодня ты мне решительно отказываешь, тогда поехали смотреть на излишне любопытного частного сыщика. Сейчас уже половина второго, а я знаю, где он должен появиться приблизительно часа в три.

— Откуда ты это знаешь?

— Все тебе расскажи! Могут у меня быть маленькие профессиональные тайны?

— Сколько угодно.

Настя с облегчением подхватила шутливый тон, радуясь, что опасную тему они наконец миновали. Был момент, когда ей захотелось согласиться, так захотелось, что пришлось чуть не рот себе рукой зажимать, чтобы не сказать то, о чем впоследствии пришлось бы жалеть. Это не было желанием в физиологическом его смысле, оно шло от головы, от нервного напряжения, не отпускавшего ее уже несколько месяцев, от стремления хоть чем-то вывести себя из состояния апатии и безразличия ко всему. Но она удержалась, хотя и не была уверена, что поступает правильно.

Вымыв чашки и тарелки, она быстро убрала со стола.

— Я готова. Поехали.

* * *

К ее удивлению, они приехали в тот район, где находилось сыскное агентство «Грант».

— Ты думаешь, он появится на работе в воскресенье? — с сомнением спросила Настя.

— Настенька, работа частного сыщика ничем не отличается от работы сыщика государственного, можешь мне поверить. По выходным дням жизнь не останавливается, к сожалению, и люди, с которыми надо работать, куда-то ходят и что-то делают. С ними приходится встречаться, за ними приходится следить, не говоря уже о встречах с заказчиками, которые далеко не всегда могут приходить в агентство в будние дни.

— Но он точно придет? — продолжала допытываться она.

— Надеюсь. Ладно, не буду тебя томить. Когда я разговаривал вчера утром с Пашкой насчет своей так удачно забытой в его кабинете зажигалки, он сказал, что я в принципе могу заехать в любое время, потому что кабинет всегда открыт, но если я хочу повидаться с ним, то лучше всего сделать это в воскресенье с трех до пяти. В это время он будет собирать весь личный состав для раздачи слонов. Теперь поняла?

— Теперь поняла, — послушно повторила Настя.

Дмитрий въехал во двор и припарковал машину.

— Мою колесницу уже все агентство знает, — пояснил он. — Оставим машину здесь, а сами пойдем ножками. До большого сбора еще как минимум полчаса, так что можно осмотреться и выбрать место для наблюдения. Кстати, эта подворотня совсем неплоха, здесь темно, с улицы не видно, кто стоит.

— Давай постоим здесь, — согласилась она, — если ты уверен, что нужный нам человек непременно пройдет мимо.

— Он не пройдет, они все на машинах, а какая у него машина, я не знаю, в том-то и беда. Зато отсюда просматривается охраняемая стоянка, где они ставят свои автомобили. Во-он там, видишь?

Чтобы увидеть место парковки, Насте пришлось сделать шаг из подворотни на улицу. Она покачала головой.

— Далековато. Я лицо не разгляжу.

— Плохо видишь?

— Не то чтобы плохо, но глаз все-таки не как у орла, а как у тридцатишестилетней женщины, которая много работает на компьютере.

— Тогда поищем место поближе. Там с другой стороны есть скверик, тоже вполне подходящий, много кустов и деревьев, есть где спрятаться.

Они вышли из подворотни и двинулись в сторону стоянки. То, что произошло в следующий момент, было совершенно неожиданным. Из-за угла вылетела машина, поравнявшись с ними, чуть сбавила скорость, раздался сухой треск выстрелов. Машина тут же набрала скорость и умчалась, а Дима Захаров остался лежать на тротуаре. Он умер мгновенно.

* * *

Домой Настя вернулась около полуночи. Позади остались долгие разговоры и объяснения в милиции, допрос у дежурного следователя и прочие необходимые в таких случаях дела. Она была вымотана до предела. А день так славно начинался...

Сняв в прихожей кроссовки, она босиком прошла на кухню, чтобы выпить кофе. На глаза попалась большая яркая коробка с тортом. Димка, Димка... Так хотел уложить ее в постель, а она смеялась: «Тебя только могила исправит». Как в воду глядела.

«То, что я тебе предлагаю, замечательно. Это прекрасно. Это избавляет человека от страданий и от страха смерти. Это делает человека счастливым и свободным».

У него не было страха смерти. Или был? Может быть, именно поэтому он так настойчиво предлагал ей заняться любовью? А страдания? Были ли у него страдания? Она так мало знала о нем.

«Надо было согласиться, — внезапно подумала Настя. — Надо было согласиться и лечь в постель. Мы бы никуда не поехали. И он остался бы жив. Теперь мне начинает казаться, что он что-то предчувствовал. Я же видела, что он хочет остаться здесь и совсем не хочет никуда ехать. Но я, как обычно, думала только о себе. О том, что мне потом будет неловко и противно. О том, что изменять мужу, с которым поссорилась, — пошло. Господи, о какой ерунде мы порой думаем, носимся с ней как с писаной торбой, считаем самым главным в этой жизни, а потом оказывается, что самое главное в жизни — это именно жизнь, и ради ее сохранения можно пожертвовать чем угодно. В смерти Димы Захарова я виновата столько же, сколько и сами убийцы. Насильственная смерть — это пересечение времени жизни убийцы и его жертвы. И к точке пересечения привела Димку я».

Она вспомнила его яркие синие глаза, в которых плескалась готовая вырваться наружу ласковая улыбка, и расплакалась. Горько, навзрыд.

Минут через пятнадцать она умылась холодной водой, вытерла полотенцем красное опухшее лицо и удивленно прислушалась к себе. Страха больше не было. Того самого страха, который брал ее за горло и мешал разговаривать с мужем и родителями. Все это казалось таким мелким и ничтожным. Она вдруг поняла, что пули, убившие Дмитрия, только чудом не задели ее саму. Она была на волосок от смерти. И по-настоящему значение имело лишь то, что она осталась жива. Страх смерти — это единственное, с чем надо считаться. Все остальное — дурь, блажь и розовые сопли.

Настя посмотрела на часы. Двадцать минут первого. Поздновато. Но в конце концов она же решила, что есть вещи главные и есть неглавные, которыми можно пренебречь. В данном случае пренебречь можно приличиями, это вполне простительно.

Она решительно набрала телефон Чистякова в Жуковском. Долго никто не снимал трубку, наверное, все уже спят. Наконец раздался сонный голос Алексея.

— Слушаю вас.

— Леша, приезжай, я все расскажу тебе.

— Надумала? — Его голос сразу перестал быть сонным, в нем послышались насмешливые интонации.

— Надумала. Я все поняла, Лешик. Я была полной дурой. Больше это не повторится. Честное слово. Ты приедешь?

— Пока нет. Отец болен, я должен побыть здесь. Так что твоим благим намерениям придется подождать. У тебя все в порядке?

— Да. То есть нет. То есть... Это все сложно, Леша. Ладно, отложим пока. Извини, что разбудила. Спокойной ночи.

— Счастливо, — ровным голосом ответил он.

«А чего же ты хотела? — с ненавистью к себе самой вслух произнесла Настя. — Ты так радовалась, что осталась одна, что можно ни с кем не разговаривать, когда приходишь домой с работы, что можно ни перед кем не отчитываться. Тебе даже казалось, что одной спать куда удобнее, чем с Лешкой. Ты сомневалась в правильности решения выйти замуж, ты считала, что не создана для семейной жизни. Ты обидела Лешу, он уехал, и ты столько времени ему не звонила, не попыталась вернуть его, не сделала над собой ни малейшего усилия, чтобы наладить отношения и возвратить вашу жизнь в нормальную колею. А сегодня на твоих глазах убили человека, который чуть было не стал твоим любовником, это стряхнуло пелену с твоих глаз, ты поняла, что была не права, и кинулась звонить мужу. Ты за все это время даже не поинтересовалась, как он живет, как у него дела, здоров ли он. Не обязательно было просить его вернуться, ведь он поставил условие: он не приедет, пока ты не созреешь для разговора, но хотя бы просто позвонить ты могла? Могла. Но не позвонила. Вот и получай все, что тебе причитается. И не думай, что верный и преданный Лешка будет мчаться к тебе по первому свистку, как дрессированная собака. Этого не будет».

Она подошла к окну и встала перед ним, обхватив себя руками и пытаясь унять противную дрожь. Интересно, что бы сказал Алексей, если бы узнал, что попытка сохранить ему верность стоила человеку жизни?

ГЛАВА 13

Ночью Татьяна почувствовала себя плохо, до утра перемогалась, а утром ее увидела Ира и пришла в ужас.

— Ты с ума сошла! — завопила она на всю квартиру. — Что с тобой?

— Да что-то нездоровится, — вяло произнесла Татьяна, заваривая себе чай с травками.

— Немедленно к врачу! — потребовала Ира. — Не хватало еще, чтобы на седьмом месяце что-нибудь произошло. Немедленно.

— Мне на работу надо, — попыталась возражать Татьяна, но Ира была непреклонна.

— Работа перебьется, ребенок важнее, — заявила она.

— Но у меня люди вызваны...

— И люди перебьются.

Татьяна понимала, что родственница права. Люди, конечно, не перебьются, но рисковать здоровьем будущего малыша тоже нельзя. И она отправилась в женскую консультацию.

— Да, мамочка, — покачала головой пожилая женщина-врач, — вам надо не на работу ходить, а дома сидеть. У нас это называется «старая первородка». На течение беременности и родов может повлиять все что угодно. В двадцать пять лет беременные этого могут даже не заметить, а в тридцать шесть все куда сложнее с первыми родами. Да и сердце у вас могло бы быть получше.

Из консультации Татьяна поехала на работу и первым делом зашла к начальнику. Совсем недавно, еще в декабре минувшего года в Петербурге, ей пришлось пережить несколько неприятных бесед со своим бывшим начальником, который не хотел отпускать ее в Москву к мужу, и она готовилась к тому, что сцена скорее всего повторится сейчас. Надо же, только-только перевелась — и на тебе, на сохранение, а потом в декрет. «Может, правы те руководители, которые не любят брать на работу женщин? — думала она, идя по коридору к кабинету начальника. — Меня это всегда смешило и возмущало одновременно, но теперь я начинаю их понимать. А в моем случае это особенно неловко. Ведь Стасов организовал мне перевод в Москву именно к этому начальнику, потому что они хорошо знакомы. Вроде как поручился за меня, напел, какой я хороший работник, а я четыре месяца всего проработала и уже ухожу».

Новый начальник, однако, оказался скуп на эмоции, как на положительные (что плохо), так и на отрицательные (что намного лучше).

— А потом на три года по уходу за ребенком сядете? — недовольно поморщившись, спросил он.

— Нет, — твердо ответила Татьяна. — Как только можно будет, сразу выйду на службу. У меня есть кому сидеть с малышом.

— Бабушки-нянюшки?

— Сестра мужа, — пояснила она.

— У Стасова есть сестра? — удивился начальник. — Он никогда не говорил об этом, насколько я помню.

— Это сестра другого мужа, бывшего.

Внезапно начальник рассмеялся так весело, что Татьяна не удержалась и тоже улыбнулась, не понимая, что могло его так рассмешить.

— Да, теперь я понимаю Влада! — сказал он. — То-то он так рвался вас побыстрее из Питера в Москву забрать. Боялся, видно, что уведут вас, и он тоже перейдет в категорию бывших мужей. Ладно, Татьяна Григорьевна, идите домой, сохраняйтесь, рожайте. Я очень надеюсь, что вы меня не подведете и в скором времени снова приступите к работе. Теперь с вашими делами. Сколько их у вас сейчас?

— Восемнадцать, — вздохнула Татьяна.

— Что-нибудь удалось закончить, или будете все восемнадцать передавать?

— По двум делам осталось составить обвинительное заключение, это я сделаю за сегодня и завтра. Остальные придется передавать.

До конца дня Татьяна судорожно доделывала все то, что еще можно успеть доделать по находящимся в производстве делам, и только часов около шести вспомнила о Насте. Ну надо же, она ведь хотела поговорить с ней об Уланове и совсем забыла! Вот растяпа! Собственно, Татьяна и в голове не держала Настин интерес к телеведущему и отказывалась от телевизионного интервью до тех пор, пока Уланов не понадобился ей самой в связи с делом об убийстве колдуньи Инессы. Нехорошо получилось, ведь это именно Настя устроила ей встречу с Улановым и познакомила с Дороганем, который эту встречу, грубо говоря, оплатил.

Найдя в записной книжке рабочий телефон Каменской, Татьяна набрала номер. Занято. Позвонила еще раз — снова занято. Она с досадой взглянула на часы, писанины еще часа на два, не меньше, жаль терять драгоценные минуты на тупое нажимание кнопок, а автоматический набор в этом хорошо пожившем аппарате давно сломался. Татьяна решительно набрала свой домашний номер.

— Ира, я тебя попрошу дозвониться Насте и пригласить ее к нам на ужин, — деловым и не терпящим возражений тоном сказала она, прижимая трубку к уху плечом и не прекращая печатать на машинке.

— Зачем?

— Мне нужно с ней поговорить. И ей со мной тоже. Если договоришься с Настей, перезвони мне, я у себя.

— На который час договариваться?

— Все равно. Когда она сможет. Но не раньше девяти, мне здесь еще часа два ковыряться.

— Ты поговорила с руководством?

— Да. Не беспокойся, еще пару дней поработаю, не больше. Нужно дела передать и документы оформить. Все, Ириша, дома поговорим, у меня дел много.

Ира перезвонила только через полчаса и скучным голосом сообщила, что Настя обещала приехать часам к девяти.

— Что-нибудь случилось? — дежурно поинтересовалась Татьяна, не отрывая глаз от документа, который в это время заканчивала. — Ты чего такая унылая?

— У меня были планы на вечер... А теперь, раз у нас гости... — пробормотала Ирочка.

— Не выдумывай. Иди куда собиралась. Мы прекрасно без тебя справимся. Я же Настю не на пироги зову, а для разговора.

Ирочка заметно повеселела и стала давать Татьяне указания, что есть на ужин и что в какой кастрюле приготовлено. Образцова слушала вполуха, резонно рассудив, что вникать вовсе не обязательно, она придет домой и все сама найдет, подумаешь, бином Ньютона. Вспомнив историческую фразу, произнесенную булгаковским котом Бегемотом, Татьяна невольно перескочила мыслями на саму себя. «Я, наверное, тоже выгляжу сейчас как бегемотиха. А после родов, судя по всему, стану еще толще. Как жить с таким весом? Черт его знает. И так не могу приличную одежду на себя купить, а если поправлюсь, то вообще хоть караул кричи. Может, прав Стасов, и мне действительно надо дома сидеть и книжки писать, а не строить из себя активного государственного служащего?»

* * *

Войдя в квартиру Стасова, Настя поразилась. У нее была полная иллюзия, что она здесь впервые, хотя она отчетливо помнила, что приходила сюда совсем недавно, долго разговаривала с Татьяной, потом ужинала вместе со всеми. И в то же время ощущение новизны было очень отчетливым. Оказывается, между кухней и гостиной нет двери, а есть проем сложной геометрической формы. Как же она этого не заметила в прошлый раз? И пол в гостиной очень интересно сделан, наполовину покрыт ковролином, а наполовину — ламинатом, причем граница между покрытиями не прямая, а волнообразная. Ламинатом выложена та часть пола, по которой все время ходят из прихожей в кухню, а ковролин лежит там, где стоит мягкая мебель. «Господи, я же на этом диване в прошлый раз просидела как минимум час, вход в кухню и пол были прямо у меня перед глазами, а я умудрилась не увидеть. Ну, Каменская, ты даешь!» — подумала она.

— Ты чего, Настюша? — удивленно спросила Татьяна. — Оглядываешься, как будто в первый раз пришла.

— Ты будешь очень смеяться, но у меня именно такое ощущение, — призналась Настя. — Словно впервые все это вижу. Не обращай внимания, я в последнее время была ужасно рассеянной, много чего не замечала. А где твоя ангел-хранительница?

— На свидание побежала, — усмехнулась Татьяна. — Какой-то новый знакомый у нее появился. Ну и слава Богу, не дело это, когда молодая красивая женщина целыми днями занимается моим домашним хозяйством. Я буду только рада, если у Ирочки образуется какой-нибудь роман.

— Ну вот, — расстроилась Настя, — а как же мой протеже? Такой хороший парень наш Миша Доценко, а ты его отвергла не глядя. Любимых родственниц надо отдавать в хорошие руки, а не абы кому.

Татьяна улыбнулась и весело махнула рукой.

— Да перестань ты, она взрослая уже, сама разберется. Ты голодная?

— Голодная. Но напрягаться из-за этого не стоит. Я могу схватить что-нибудь на ходу, бутерброд, например.

— Ну, зачем такие жертвы, — усмехнулась Татьяна, — в холодильнике полный набор для ужина из трех блюд.

Прислушавшись к себе, Настя обнаружила, что к ней вернулся аппетит, во всяком случае, о еде она думает с нежностью, а не с отвращением, которое испытывала на протяжении последних месяцев. «Ну точно, я моральный урод, — с горечью подумала она. — Вчера на моих глазах убили Димку Захарова, а я о еде думаю. Но с другой стороны, пока этого не случилось, я вообще ни о чем думать не могла, кроме собственных переживаний. Жевала, жевала одну и ту же сопливую жвачку, выстроила мировую трагедию на песке и смотрела эту пьесу целыми днями с утра до ночи. А вчерашняя настоящая трагедия меня будто встряхнула. Я даже благодарна Лешке за то, что он, мягко выражаясь, послал меня. Я это вполне заслужила, так что и не обидно. Ничего, я исправлюсь. Я все поняла. И словно ожила. И голова вроде лучше заработала. А аппетит — что ж, нормальная реакция нормального организма на голод, не более того. Не будем этого стыдиться».

— Настюша, я хотела поговорить с тобой об Уланове. Ты передачу в пятницу видела?

— Конечно, ты же предупредила меня. Извини, я тебе не позвонила, закрутилась.

— Это ты меня извини. Я тоже закрутилась. И как тебе передача?

— Мне понравилось, — осторожно сказала Настя. — Во всяком случае, это не было похоже на все то, что я наблюдала на протяжении последних недель. Уланов сменил тактику?

— Да нет, — засмеялась Татьяна, — это я его немножко обманула. Пока он со мной знакомился, прикидывалась круглой дурой, он и расслабился, глупенький. Во всяком случае, я поняла его метод. Гостя приводят, поят чаем или кофе, лучезарно ему улыбаются, поют на все голоса о том, какой Уланов славный, добрый и как он любит своих экранных собеседников, потом появляется сам лично мистер Уланов и ведет с человеком дружелюбную светскую беседу, нащупывая его слабые места, то есть те темы, при обсуждении которых гость выглядит не самым лучшим образом, если не сказать хуже. А потом именно эти темы и поднимает в прямом эфире. У него в программе гример работает экстра-класса. Я все мучилась, не могла вспомнить, где ее видела, а потом сообразила: в журнале читала очерк о конкурсе визажистов, и там была фотография этой женщины. Она чуть ли не первое место на европейском туре заняла, так что гостя делают невероятно красивым, и это тоже часть спектакля, или, если хочешь, ловушки. Все примитивно и просто, как грабли. Что же касается самого Александра Юрьевича, то могу сказать тебе две вещи. Во-первых, он очень озабочен темой разводов и отношений бывших супругов. И во-вторых, он стоит на пороге больших перемен. Причем перемен приятных. Складывая первое со вторым, можно предположить, что он собирается разводиться и вступать в новый брак с горячо любимой женщиной. У тебя есть какие-нибудь сведения на этот счет?

— Никаких. А почему ты решила, что грядут перемены?

— Он похвалил меня после передачи и поблагодарил. Ты понимаешь? Я-то была уверена, что он разозлится, ан нет, ничего подобного, улыбался по весь рот и ручки целовал. Я ему на глазах у всех зрителей имидж испортила, а ему хоть бы что. Мне показалось, что ему в определенном смысле наплевать, что будет с передачей завтра. Он в ней уже работать не будет. Поэтому черт с ним, с имиджем и ведущего, и самой программы, все равно он Уланову больше не понадобится. Его ждут какие-то более приятные перспективы, и с «Лицом без грима» эти перспективы никак не связаны.

— Понятно, — задумчиво протянула Настя. — Это любопытно. Говоришь, улыбался и ручки целовал?

— Угу. И комплименты говорил.

— Надо же... Мне как-то не довелось увидеть его в хорошем настроении. Со мной он бывал подавленным, злобным, ехидным, а никак не благодушным. Что-то, видно, действительно произошло в его жизни. Только я не пойму, нужно мне в этом копаться или нет. Миша Доценко в среде телевизионщиков землю роет, но к причинам убийства Андреева и Бондаренко так и не подобрался. Может, зря я так вцепилась в этого Уланова? Конечно, он мне жутко неприятен, но это же не повод, чтобы подозревать его во всех смертных грехах.

Татьяна ничего не ответила, молча вертя в руках веточку петрушки и откусывая от нее по одному листочку. В квартире царила блаженная тишина, они были одни, не слышно было ни звонкого щебетания Ирочки, ни громкого голоса Стасова. Настя на мгновение отвлеклась от всего и с наслаждением погрузилась в эту мягкую тишину, наполненную домашними уютными запахами.

— Настюша, я могу вступить с тобой в преступный сговор? — неожиданно спросила Татьяна.

— В преступный? Можешь. Вступай.

— По твоим разработкам Уланов нигде не пересекался с некой гражданкой Лутовой Валентиной Петровной?

Настя наморщила лоб, вспоминая имена и фамилии людей, хотя бы раз мелькнувших в деле об убийстве сотрудников телевидения.

— Не помню такой, — наконец сказала она. — Она тебе нужна?

— Нужна. Помнишь убийство колдуньи Инессы?

— Помню, оно по сводке проходило. Но мы им не занимаемся.

— Я знаю, — кивнула Татьяна, — оно по округу проходит. Как раз по моему.

— Да что ты? — удивилась Настя. — И как тебе работается с колдовским материалом? Намучилась?

— Не то словечко, — вздохнула Татьяна. — Клиентура у нее была обширная, а записей никаких. То есть записи, конечно, есть, и довольно подробные, но ни одного имени. У этой колдуньи был забавный приемчик, она каждому клиенту давала свое имя, особое, ну вроде как в церкви при крещении, понимаешь? Так и говорила человеку: вы, дескать, на моих сеансах будете не Иван Иванычем, а Феофилактом, это будет ваше имя для общения с миром высших сил. Вот под этими новыми именами она и делала свои записи. Кое-кого удалось установить, среди них — Лутова. А к Лутовой недавно приходил Александр Юрьевич Уланов. Собственно, поэтому я и согласилась пойти к нему на передачу. Захотелось самой на него посмотреть и познакомиться. Кстати, на всякий случай предупреждаю тебя насчет того, что для Уланова я не следователь, а всего лишь писатель, ладно?

— А кто такая Лутова, чем занимается?

— Воспитательница в детском саду. Не так давно развелась с мужем. Можно предположить, что у нее роман с Улановым и он тоже наконец решил развестись. Но это только наполовину укладывается в то, что я видела.

— Да, — согласилась Настя, — непонятно, какие радужные перспективы ему светят от нового брака. Если он решил уйти из программы, то куда? Я понимаю, если бы он женился на миллионерше, но воспитательница... Не укладывается, ты права. Я поговорю с его женой. Она ходила к колдунье? С какой печалью?

— Не могла отделаться от мужа.

— Как это? — не поняла Настя. — Ты же сказала, что она с ним развелась.

— Ой, а то ты не знаешь, как это бывает! — с досадой пожала плечами Татьяна. — Сплошь и рядом. Оформить развод не всегда означает освободиться от человека, особенно если бывшие супруги продолжают жить в одной квартире. А многие и продолжают, потому что купить новое жилье — денег нет, получить — права нет, а разменивается хрущевская живопырка с совмещенным санузлом и крошечной кухней только на что-то совершенно неудобоваримое. Это еще если она двухкомнатная. А однокомнатную просто ни на что не поменяешь, чтобы разъехаться. Вот и живут.

— И что же Лутова? Хотела, чтобы колдунья Инесса извела ненавистного бывшего супруга до состояния полной мертвости, что ли?

— Нет, Настюша, там все не так. Лутову мы нашли по контактам с другим клиентом, навели о ней первоначальные справки и потом уже начали искать в записях Инессы клиента с подходящими данными. Нашли некую Евгению, которая впервые обратилась к Пашковой почти год назад с жалобами на эмоциональную зависимость от мужа, который плохо с ней обращается. Поколачивает, кричит, скандалит, изводит сценами ревности, а она не может сделать решительного шага и порвать с ним, потому что любит его. Короче, широко распространенное явление. Пашкова вела с ней планомерную работу по продвижению к разводу, и ей это вполне удалось. В ее записях по поводу Евгении есть отметка о том, что клиентка наконец созрела для решительного действия и подала заявление. Мы проверили в суде, дата подачи Лутовой заявления о расторжении брака подходит.

— А почему в суде? Муж развода не давал или они имущество делили?

— Нет, делить там нечего. Из-за мужа, конечно. Самое смешное, что в суде он легко согласился на расторжение брака и вообще произвел впечатление человека симпатичного и интеллигентного. Я разговаривала с судьей, она эту пару хорошо помнит, потому что у Лутова очень приметная внешность. Судье он показался невероятно привлекательным. В нем, как она меня уверяла, море обаяния. И жалобы истицы на его неправильное поведение судье показались необоснованными, она сочла, что Лутова все придумывает или по крайней мере преувеличивает, но брак расторгла с первого же раза, даже срок на примирение не дала, хотя обычно все судьи его дают. Возиться не хотела, понимала же, что и во второй раз они к ней придут, а у нее и без того огромная очередь на слушанье дел.

— И после развода Лутова перестала посещать колдунью?

— Как же, перестала! — усмехнулась Татьяна. — Еще чаще ходить стала. Жаловалась, что муж продолжает ею помыкать, ведет себя с ней, как с рабыней, а она не может ни в чем ему отказать. Будто околдовал он ее, какую-то невероятную власть над ней имеет. И развод в этом смысле совершенно не помог, как все было, так и осталось. Пока, говорит, не вижу его, кажется, что могу и отказать, и уйти, и нахамить, и даже убить, а как увижу, в глаза ему посмотрю — так все, превращаюсь в безвольную тряпку. Вот на этот предмет Инесса с ней и работала.

— Как же она работала, интересно знать? Порчу снимала?

— Да нет, Инесса-то, судя по всему, была далеко не дура и не шарлатанка. Сейчас я тебе скажу еще более интересные вещи. Инесса когда-то была любовницей Готовчица.

— Кого?!

Настя вытаращила на нее глаза, от неожиданности выронив ложку, которой она то и дело залезала в баночку с креветочным плавленым сыром.

— Готовчица Бориса Михайловича, вдовца невинно убиенной Юлии Николаевны. Я только недавно об этом узнала. Так вот, Борис Михайлович уверял меня, что Инна Пашкова в бытность свою врачом-интерном проявляла большие способности в области психиатрии и обладала удивительным чутьем, которое и позволяло ей безошибочно нащупывать в жизни и душе человека то самое уязвленное место, которое мешает ему нормально существовать. И очень Борис Михайлович горевал по поводу того, что Инна, она же колдунья Инесса, оставила медицинскую практику и занялась шарлатанством. Даже негодовал, и весьма, надо заметить, праведно. А из рассказов оперативников, которые занимались клиентами Пашковой, с очевидностью следует, что Инесса только пользовалась антуражем колдуньи, а на самом деле вела нормальную практику психоаналитика. И, судя по всему, весьма успешно. Так что она не была шарлатанкой, она действительно помогала людям, только под другим прикрытием.

— Вообще-то ее можно понять, — сказала Настя, которая наконец пришла в себя и подняла с пола упавшую ложечку. — Ходить к психоаналитику — это как-то уж больно не по-русски, мы к этому не очень-то приучены, а вот сходить к бабке снять порчу — милое дело. Я думаю, клиентура у Инессы и у Готовчица была совсем разной. К Борису Михайловичу все больше крутые ходят или элита, известные артисты, художники, музыканты, бизнесмены. Даже, подозреваю, мафиози, хотя сам Готовчиц этого, разумеется, и знать не знает. А кто у колдуньи пасся?

— Ты права, — согласилась Татьяна, — те клиенты Инессы, которых нам удалось установить, — народ попроще. В основном несчастные женщины, которые не могут справиться с разладом в семейной жизни. Кто с мужьями воюет, кто с детьми, кто с родителями. Лутова — яркий тому пример. Так вот, Настюша, я хотела тебя попросить поиметь в виду мой интерес, когда будешь получать информацию по Уланову. Ладно?

— Какой же у тебя может быть интерес? — изумилась Настя. — Ты же дела передаешь. Разве нет?

— Передаю, — вздохнула Татьяна. — Но, знаешь... А, ладно, чего там! Короче, заволокитила я это дело, замоталась, все шло медленно, и теперь у меня проснулось здоровое чувство неловкости перед тем следователем, который будет после меня тянуть Инессу на себе. Поэтому если есть возможность чем-то помочь, то я тебя прошу...

— Понятно, — перебила ее Настя. — Конечно, не волнуйся, все будет в лучшем виде. Как твоя последняя книга? Движется?

— Стоит как вкопанная. Ни минуты выкроить не могу. Вот осяду дома на Иркиных пирогах, может, сдвинусь с мертвой точки. Кстати, что-то моя красавица загулялась, уже половина одиннадцатого.

— Ну, с кавалером-то не страшно, — заметила Настя.

— Это смотря с каким, — возразила Татьяна. — Ирка так легко знакомится с людьми, что мне иногда бывает страшно за нее. А вдруг влипнет в какую-нибудь беду?

— Но ведь до сих пор не влипала.

— До сих пор... Все когда-то случается в первый раз.

Татьяна прислушалась к шуму, доносившемуся от входной двери.

— О, кажется, идет. Слава Богу!

Но это оказался Стасов, огромный, зеленоглазый, веселый и, как всегда, источающий дух здоровья, силы и оптимизма.

— Девочки, — закричал он прямо с порога, — я Ируськиного нового хахаля только что видел! Ну, доложу я вам...

Он влетел на кухню, обнял жену, схватил в охапку Настю, чуть не сломав ей кости, и плюхнулся со всего размаху на стул, оседлав его верхом.

— Танюшка, умираю с голоду!

— Ты про кавалера расскажи сначала, — потребовала Татьяна, — а то у меня душа не на месте. Я даже не знаю, кто это такой и где она его подцепила. И вообще, где ты его видел?

— Да только что, возле подъезда.

Стасов протянул руку и схватил со стоящей на столе тарелки помидор, фаршированный брынзой и зеленью.

— Вкусно пахнет, — одобрительно заявил он, потянув носом и тут же запихивая помидор целиком в рот.

— Ну Стасов же! — взмолилась Татьяна. — Поимей совесть. Два слова про кавалера — и получишь миску с горячей едой.

— Ты со мной обращаешься, как с непослушной собакой, — обиженно промычал Владислав с набитым ртом. — Я тебе муж или где? Ладно, слушайте. Ох, бабы, бабы, ничто вас не исправит, ни погоны, ни служба в милиции. Чужой кавалер для вас важнее родного мужа.

— Стасов, — предупреждающе подняла палец Настя, — не смей оскорблять беременную жену. Рассказывай в темпе — и я пошла, а то поздно уже.

— И ты туда же! — возмутился он, быстро утягивая с тарелки второй помидор. — Я еще понимаю Танюшку, все-таки речь идет о ее родственнице. Но ты-то, между прочим, могла бы оторвать организм от стула и положить мне в тарелку горячей еды, а?

— Могла бы, — согласилась Настя, вставая. — Я положу тебе еды, только рассказывай быстрее. Мне тоже интересно, я же Иришке нашего Мишу Доценко хотела сосватать, а Таня не позволила. Поэтому я хочу знать, на кого ваша дружная семья променяла моего симпатичного холостого коллегу.

— Настасья, — торжественно начал Стасов, — я с глубоким уважением отношусь к Мишане, которого знаю лично, но положа руку на сердце он может отдыхать рядом с тем мужиком, которого я только что видел с нашей Ириной. Девочки, это что-то!

— Стасов, ты хуже любой бабы, — с досадой сказала Татьяна. — Ну что за манера выплескивать эмоции, не добравшись до сути! Ты уже столько времени дома, а еще ни одного наполненного смыслом слова мы от тебя не услышали, одни только ахи, охи и упреки. Излагай фактуру.

— Фактуру? — Он хитро прищурился. — Ладно, получай фактуру. Подъезжаю я, значит, к нашему дому. Темно. Но фонари горят. И в аккурат под самым фонарем стоит автомобиль изумительной красоты — «Бентли-Континенталь», цена которому — в два раза больше, чем у «шестисотого» «Мерседеса».

— А сколько стоит этот «Мерседес»? — тут же спросила Настя, которая не разбиралась в автомобилях совершенно, но терпеть не могла никаких неясностей.

— В среднем сто двадцать тысяч плюс-минус двадцать, в зависимости от движка, — тут же откликнулась Татьяна. — Не отвлекайся, Стасов.

— Не отвлекаюсь.

Настя поставила перед ним тарелку с огромным куском запеченного мяса и отварным картофелем. Владислав тут же отхватил ножом изрядный ломоть и принялся с аппетитом жевать.

— Вот, — удовлетворенно произнес он, проглотив первый кусок, — совсем же другие ощущения, нежели натощак. Продолжаю. Мне становится интересно, кто это в нашу Богом забытую новостройку приехал на такой «тачке», поэтому сижу в машине и не выхожу. Вижу — из дорогого престижного автомобильчика выходит наша Ирочка. Но как выходит! Это надо было видеть! Сначала вышел некий мужчина, обогнул машину и открыл дверь со стороны пассажирского места. Подал руку, а уж потом появилась наша девочка. И у нашей девочки в руках такой букет, какие я видел только на кинофестивалях в руках у звезд неимоверной величины. Стоят они рядышком и о чем-то мило беседуют. О чем — мне не слышно. Кавалер то и дело Ирочку приобнимет и в лобик поцелует или в висок. А она к нему так и льнет, так и льнет. Но никакой сексуальной похабщины, чего не было — того не было. За ягодицы не хватал, к бюсту не прикасался, в губы не целовал. Только в лоб или в висок. Смотрю, они вроде как прощаются, кавалер Ирочке руку целует. Как же так, думаю, он ведь сей секунд уедет, а я его и не разглядел. Непорядочек. Выхожу из машины, иду прямо к ним, здороваюсь. Вежливо так, без претензий. «Ира, — говорю, — уже поздно, тебе пора домой». Строго так говорю, чтобы хахаль этот знал, что Ира у нас не без пригляда и есть кому за нее заступиться, ежели что. Но давить не стал, сразу зашел в подъезд, чтобы не смущать парочку. Значит, докладываю. Мужик чуть помоложе меня, лет тридцать пять — тридцать семь, лицо не прохиндеистое, на любителя легких развлечений не похож. Серьезный такой субъект. Одет очень дорого, под стать своей машинке. Одни часы у него на руке тысяч тридцать долларов стоят.

— Он красивый? — спросила Татьяна, которая слушала мужа как зачарованная.

— А черт его знает, — пожал плечами Стасов, — вас, девочек, разве разберешь, кто для вас красивый, а кто — урод. Вон

Бельмондо, страхолюдина, если разобраться, каких свет не видел, а бабы по всему миру от него млеют. На мой вкус, Иркин хахаль хорош по всем статьям, а уж как вам покажется... Все, ненаглядные мои, рассказ окончен, начинается праздник открытого рта. Я больше не могу терпеть, мне нужно поесть.

Он накинулся на мясо с таким вожделением, будто его не кормили месяца три. Татьяна молча смотрела на мужа, потом бросила тревожный взгляд на часы.

— Что-то долго они прощаются. Может, пойти привести ее?

— Таня, возьми себя в руки, — с упреком проговорила Настя. — Ирина — взрослый человек, ты сама мне это объясняла всего час назад. Я все равно сейчас ухожу. Увижу Иру — шепну ей, что ты волнуешься. Если не увижу — поднимусь, тогда уж Стасов выйдет. А ты сиди спокойно дома, тебе нервничать вредно.

Спустившись вниз, Настя сразу наткнулась на Ирочку. Та стояла в подъезде возле почтового ящика, уткнувшись глазами в газету. Лицо ее было искажено яростью, по щекам стекали злые слезы. На деревянной панели, скрывающей батарею отопления, валялся небрежно брошенный огромный букет каких-то экзотических цветов.

— Ира! — окликнула ее Настя. — В чем дело? Твой кавалер тебя обидел?

Ирина с досадой скомкала газету и всхлипнула.

— Подонки! Ну какие же подонки! За что они ее так? Что она им сделала?

— Тихо, тихо, ласточка моя, — Настя успокаивающе обняла молодую женщину, — не надо реветь. Спокойно и последовательно: что случилось?

— Да вот! — Ира с ненавистью ткнула рукой в газету. — Облили Татьяну грязью за интервью с Улановым.

— Не может быть, — удивилась Настя. — За что? Я же видела передачу. Я понимаю, если бы Уланова наконец раскритиковали за некорректное поведение, но ее-то за что?

— А ты прочитай! — Ира горько расплакалась.

Настя взяла из ее рук газету, расправила скомканные листы. В глаза сразу бросился заголовок: «Прощай лицо, да здравствует грим!» Журналистка по фамилии Хайкина в выражениях не стеснялась. «Потрясая обтянутой тонким трикотажем пышной грудью, популярная писательница Томилина свысока поучала нас, ловко оперируя выдернутыми из классики и поставленными с ног на голову цитатами, как нужно относиться к массовой культуре. Ее терпимость в отношении оболванивания населения дешевым ширпотребом от литературы можно понять, ведь Томилина зарабатывает на жизнь именно им, накатав за три года полтора десятка низкопробных детективчиков. Но саму писательницу все это совершенно не смущает, и, отвечая на вопросы ведущего, она ничтоже сумняшеся упоминает в одном ряду со своим, безусловно, дорогим ей именем имена признанных мастеров, к примеру, Хемингуэя. Самомнения госпоже Томилиной, что очевидно, не занимать. Да и больное воображение писательницы не дает ей покоя: теперь она уверена, что все кинематографисты всего мира спят и видят, как бы им экранизировать ее бессмертные произведения. Более того, они собираются снимать фильмы по ее книгам подпольно, и Томилина с экрана прямо пригрозила им: не трожьте, нехорошие мальчики, мои чистые книжки своими грязными руками, а то в суд пойду. По-видимому, желание прославиться, пусть и скандально, в госпоже Томилиной столь велико, что заставляет ее забывать о грядущем материнстве. Вместо того, чтобы заботиться о здоровье будущего ребенка, она собирается таскаться по судам. Что ж, мы давно уже перестали удивляться и разного рода судебным искам, и тому, что у нас растет странное поколение странных детей. А откуда же взяться нормальным, если даже будущие матери думают исключительно о скандалах и читают ту нелитературную безвкусицу, которой потчует их пышнотелая мадам Томилина?»

В статье были и другие пассажи, еще более отвратительные и грязные. Когда Настя закончила читать, Ирочка уже перестала плакать и теперь смотрела на нее огромными глазами обиженного ребенка.

— Ну, видишь? — спросила она дрожащим голосом. — Таня будет в ужасе. Кто такая эта Хайкина?

— Не знаю. Может быть, Таня ее по следственным делам как-то задела? — предположила Настя. — Вот она и мстит теперь, как умеет.

— Я выброшу газету и ничего ей не скажу, — решительно сказала Ира. — Дай сюда эту гадость, я выкину в помойку.

— Это глупо, Ириша. Завтра Таня придет на работу, и, уверяю тебя, найдется куча доброжелателей, которые ей это покажут. А то и не покажут, а на словах передадут, прибавив кое-что от себя и все переврав в худшую сторону. Врага, как нас учили классики политической борьбы, надо знать в лицо.

— Нет, — Ирина упрямо покачала головой, — я не могу... Она не должна это видеть. Она с ума сойдет.

— Иришка, поверь мне, если она увидит это не у себя дома, где рядом с ней и ты, и Стасов, а где-то в другом месте, будет только хуже. Ты же не можешь сделать так, чтобы она гарантированно ничего не узнала. А коль не можешь, то половинчатые меры могут принести куда больший вред. Послушайся меня, отнеси газету домой и сразу же покажи Тане. Только не с трагизмом в голосе, а с веселым хохотом.

— Нет. Не уговаривай меня. Я не смогу... Мне так ее жалко!

Ира снова разрыдалась. Настя поняла, что с ней каши не сваришь, ухватила ее за руку и повела к лифту, не забыв при этом забрать букет.

— Пошли, я с тобой вместе поднимусь.

— Зачем?

— Попрошу Стасова, чтобы он меня

до метро на машине подбросил, у вас такая глухомань, что и не выберешься вечером. На, неси свой букет, его же тебе подарили, а не мне.

Вдвоем они поднялись в квартиру. Из кухни доносился громкий голос Стасова, который с кем-то разговаривал по телефону, шум воды и звяканье посуды — Татьяна убирала со стола после ужина.

— Ира, что ты так долго? — спросила она, не выходя в прихожую.

— Я вернулась, — сообщила Настя. — Боюсь я по вашим потемкам в одиночестве шлепать, хочу попросить Владика, чтобы подвез до метро.

Татьяна вышла в прихожую.

— Это правильно, — говорила она на ходу, — прости, что я сразу не сообразила... Ира! Что случилось? Ты плакала? Я так и знала, что твое новое знакомство ни к чему хорошему не приведет.

— Оставь в покое Ирочкиного кавалера, — примирительно сказала Настя. — Дело не в нем.

— А в чем?

— Танюша, я очень перед тобой виновата, я втравила тебя в интервью с Улановым, а теперь какая-то журналистка по этому поводу изощряется. Текст, конечно, совершенно бредовый, но Иришка жутко расстроилась. На, прочти, и убедишься, что дело яйца выеденного не стоит.

Настя протянула ей газету и мысленно зажмурилась. Татьяна не была ее близкой подругой, знакомы они были совсем недавно, и изучить характер жены Стасова у Насти возможности не было. Как знать, как она отреагирует... А вдруг Ира была права? Волнения, истерика, отчаяние. А Таня беременна.

На кухне Стасов продолжал разговаривать по телефону, Татьяна стояла в прихожей и быстро читала, а Насте казалось, что каждая секунда — это шаг на эшафот. Все правильно, опять она во всем виновата, только она. Ведь это она свела Татьяну с кинопродюсером Дороганем, а все, что Таня говорила в эфире о возможности экранизации ее книг, было сказано по его просьбе. Ему нужен был скандальчик, а Тане нужен был Уланов. В тот момент каждый получил то, что хотел, но если для Дороганя все обошлось без последствий и даже, вполне вероятно, обернется с выгодой, то Таня в результате получила на свою голову ушат помоев. Журналистка Хайкина злобно брызгала слюной и исходила желчью, все, написанное ею, было прямой ложью и передергиванием, но кому от этого легче-то? Газету прочитали или еще прочитают сотни тысяч москвичей, которые поверят этим злобным оценкам.

Наконец Татьяна дочитала статью. Она спокойно сложила газету и убрала ее на полку.

— Стасов! — крикнула она. — Заканчивай переговоры, тебя Настя ждет.

— Сейчас иду, — откликнулся Владислав.

— Ну, что скажешь? — осторожно спросила Настя.

— А ничего, — Татьяна безмятежно улыбнулась. — Что можно сказать? Что у меня грудь не пышная? Пышная. У меня, слава Богу, есть глаза, и я это прекрасно знаю. Я знаю, что я толстая, и меня невозможно обидеть тем, что об этом будет написано в газете. Даже в такой уважаемой. Все остальное действительно полный бред. Тот, кто видел передачу, поймет, что Хайкина передергивает карты. А тот, кто не видел, будет думать, что я глупая и склочная баба с переразвитым самомнением. Так что это, катастрофа? Те, кому нравятся мои книги, все равно не поверят ни одному слову, а те, кому они не нравятся — ну так они им уже не нравятся, и оттого, что я буду в их глазах выглядеть плохо, ничего не изменится. А ты что, Ириша, правда огорчилась? И из-за этого ревела? Вот глупышка!

— Я боялась, что ты расстроишься, — пробормотала Ира.

— Да что ты, миленькая, неужели я произвожу впечатление беззащитной курицы? Ты же меня знаешь не первый год. Не волнуйся, я умею себя защищать. И потом, во всем этом есть огромный положительный потенциал. Пока я читала эту галиматью, я придумала, как мне строить сюжет дальше. Вот уже почти месяц я не работаю над книгой, но не только потому, что очень занята, а еще и потому, что у меня сюжетный стопор: я не понимаю, что должно происходить дальше. Вернее, до этой минуты не понимала. А теперь я сообразила, как писать. Что ты стоишь как вкопанная? Раздевайся, ты же домой пришла, а не в гости.

Ирочка облегченно перевела дыхание, скинула плащ и туфельки, и уже через несколько секунд по всей квартире разносился ее звонкий голосок. Появился Стасов, облаченный в спортивный костюм, и начал зашнуровывать кроссовки.

— Владик, может быть, ты довезешь

Настю до дома? Уже очень поздно, — попросила Татьяна.

— О чем речь, — добродушно прогудел Владислав, — конечно, довезу, если любимая жена не будет ревновать. Не будешь?

— Буду, — засмеялась Татьяна, — но, если Настя поедет одна, я буду бояться, что с ней что-нибудь случится. Из двух зол я выбираю то, что менее вредно для здоровья.

Около полуночи машин на дорогах было совсем мало, и ехали они быстро. Стасов молчал, думая о каких-то своих проблемах, а Настя вспоминала реакцию Татьяны на статью и не переставала удивляться тому, насколько жена Стасова не похожа на нее саму. Да случись такое с ней, Настей, она бы, наверное, уже билась в истерике от обиды и недоумения: чем она так досадила журналистке Хайкиной, что вызвала на себя такой поток грязи? А с Татьяны как с гуся вода. Прочитала и даже не поморщилась. Еще и их с Ирой успокаивала. «Она совсем другая, — думала Настя, — и у нее совсем другой взгляд на жизнь. А может быть, она уже давно поняла, что в жизни главное, а что — второстепенное, у нее хватает мудрости отделять одно от другого и реагировать на это по-разному. А у меня этой мудрости нет. Пожалуй, только вчера, когда на моих глазах убили Димку Захарова, я сделала первый робкий шажок на пути к этой мудрости и начала хоть что-то понимать».

Притормозив у Настиного дома, Стасов повернулся к ней.

— Ты мне сегодня нравишься больше, чем в прошлый раз, — сказал он, положив руку на ее плечо. — В прошлый раз ты была какая-то...

Он замялся, подыскивая слово поточнее, но так и не нашел.

— Какая? Вялая?

— Скорее убитая. Словно из тебя стержень вынули, и ты потихоньку оседаешь. А сегодня ты снова такая, как раньше. Усталая, замученная, но все-таки живая. Кризис жанра?

— Был, — кивнула Настя. — Но прошел. Стасов, если у тебя будет свободная минутка, наведи справочки о журналистке Хайкиной.

— Зачем она тебе?

— Пока не знаю. Может статься, и незачем. Но на всякий случай пусть будет. Пригодится.

— Ладно, — он пожал могучими плечами. — До квартиры проводить?

— Сама дойду, спасибо.

Она чмокнула Владислава в щеку и вышла из машины.

ГЛАВА 14

— У нас не так много времени, мы должны успеть до ее родов. Поэтому возможности детально изучать личность Томилиной у нас нет. Обычно мы изучаем объект два-три месяца, а то и дольше, прежде чем составляем программу и приступаем к ее реализации, но в данном случае все должно быть закончено как можно быстрее. Через два с половиной месяца она родит, и тогда мы вряд ли сможем что-то изменить.

— Согласен. И что вы предлагаете?

— Я собираюсь на примере Томилиной отработать методику составления психологического портрета писателя по его произведениям. Нам это может пригодиться в будущем. Ведь Томилина, я надеюсь, не единственный в этом мире популярный писатель, у которого есть личные проблемы. Она должна стать первой ласточкой.

— Допустим. Какие соображения у вас на этот счет?

— Вы знаете, чем отличается женская литература от мужской?

— Не задавайте мне риторических вопросов. Меня всегда раздражала эта ваша манера. Говорите по существу.

— Простите. Человек начинает писать книги по двум причинам. Причина первая: он хочет поговорить с людьми, со своими читателями, о проблемах, которые кажутся ему важными, интересными, достойными глубокого осмысления и всестороннего обсуждения. Причина вторая: он хочет поговорить о себе.

— Минутку... Вас послушать, так никаких других причин не существует. А деньги? Великое множество писак марают бумагу, чтобы заработать деньги. К какой категории вы их отнесете? Кроме того, вы забыли о тех, кто банально хочет прославиться. Эти тоже пишут много и встречаются часто. Ваша классификация страдает неполнотой.

— Вы не поняли... Вернее, я недостаточно четко выразился. Почему человек решает опубликовать свою писанину — это совсем другой вопрос, и причиной этому, как вы справедливо заметили, может быть и жажда денег, и жажда славы, и стремление кому-то что-то доказать, и многое другое. Я же сейчас говорю о том, что движет человеком, когда он берется за перо. Это подсознательная материя. Основную массу произведений литературы можно разделить на две группы: те, где есть проблемы, и те, где есть безупречный герой. Так вот, женская литература — это всегда, ну на девяносто девять процентов, литература, в которой дама-автор олицетворяет себя с героиней. Она любуется ею, приписывает ей все мыслимые и немыслимые добродетели и при этом наделяет ее внешностью, о которой сама мечтает. Писательница хотела бы прожить такую же жизнь, совершать такие же поступки, встречать такую же неземную любовь, заниматься таким же восхитительным сексом и получать такие же неожиданные подарки как от жизни вообще, так и от красивых и богатых любовников. На этом построен любой дамский роман. Если изучить внимательно все творения дамы-автора, то можно составить полный перечень ее вкусов, желаний, мечтаний и даже детских страхов. Из этого получается полный и детальный психологический портрет писательницы, который ни в чем не уступает тому портрету, который мы составляем обычно после длительного и тщательного сбора информации об объекте.

— И вы полагаете, что Татьяна Томилина — именно такой автор?

— Ну конечно! Я прочел больше половины ее детективов. Там присутствует постоянная героиня, и я более чем уверен, что, препарировав образ этой героини, мы узнаем о Томилиной все, что нужно, чтобы правильно разработать программу. Вы все еще мне не верите?

— Хм... Ваши методы иногда кажутся мне сомнительными. Я, например, до сих пор не понимаю, какой смысл был в этом последнем трупе. Зачем громоздить одну смерть на другую? Чем вам помешал этот парень? Но не хочу быть несправедливым: вам всегда удается достичь желаемого результата. Не понимаю, почему вам это удается, но с фактами спорить трудно. Делайте как считаете нужным. Но помните об ответственности, которую вы сами на себя возлагаете, когда даете мне гарантии успеха.

— Я помню.

* * *

Следователь Борис Витальевич Гмыря, руководивший работой по делу об убийстве депутата Государственной Думы Юлии Готовчиц, был сильно простужен. Голос совсем сел, горло болело, а из носа текло постоянно. И полковник Гордеев, как ни силился сохранять серьезность в разговоре, то и дело съезжал на иронический тон, тем более что знал Гмырю он еще с тех пор, когда тот работал обыкновенным опером на территории. Хотя, надо признаться, серьезность совсем не помешала бы, ибо обсуждали они вещи отнюдь не смешные.

— Виктор Алексеевич, это с вашего тихого благословения майор Коротков водил меня за нос? — натужно сипел Гмыря, держа возле лица руку с зажатым в ней носовым платком.

Учитывая состояние настоящего, а не идиоматического носа следователя, вопрос прозвучал более чем забавно, и Гордеев не удержался и фыркнул.

— Что вы, Борис Витальевич, — ответил он, тем не менее стараясь оставаться вежливым, — Коротков никого не может водить за нос, у него хитрости на это не хватает. Он же прост, как дитя. Неужели вы сами не видите?

— И тем не менее... — Гмыря сморщился и чихнул. — Извините. Коротков предложил версию, в соответствии с которой убийцу Юлии Готовчиц надо искать через частное сыскное агентство «Грант». Мне версия, честно вам признаюсь, не понравилась, но я позволил Короткову по ней работать. И что же выяснилось? Прямо перед агентством в упор расстреливают Димку Захарова, которого я знал когда-то как неплохого опера, а рядом с ним в этот момент находится ваша Каменская. Это как же понимать?

— А как? — невинно спросил Гордеев.

— А так, что по делу работают еще какие-то ваши подчиненные, о деятельности которых мне ничего не известно. Виктор Алексеевич, не мне вас учить, потому что я сам когда-то у вас учился. Но речь идет об убийстве депутата, и здесь все должно быть четко и грамотно, потому что за каждым нашим действием руководство следит в десять глаз. Ну в какое положение вы меня ставите?

— Да ладно тебе, Боря, — примирительно сказал Колобок. — Не прикидывайся следователем, ты как был опером — так им и остался. Только петлицы на кителе сменил. Ничего закулисного я против тебя не замышляю. Версия была Каменской, тут ты прав, но я тебе подставил Короткова, потому что она девчонка еще, рано ей по убийству депутата работать. Сломается, не ровен час. Официально она этим преступлением не занимается, и ежели что, никто ее на ковер таскать и за нервные окончания дергать не будет. А Юрка — парень крепкий, битый, ему все нипочем. Вот и вся премудрость.

— Так бы и сказали с самого начала, — пробурчал Гмыря, громко сморкаясь. — Извините. Сами же говорите, что я в душе опером остался, так неужели я не понял бы? А то вчера с утра пораньше меня в прокуратуру вызвали, а я по поводу Каменской ничего вразумительного сказать не могу. Позорище. И хотел бы умолчать — да не вышло. Они требуют доложить ход расследования, а версия с «Грантом» оказалась единственной, по которой хоть что-то сдвинулось, пришлось рассказывать. Чего я им плел — вам того лучше не слышать. Изоврался весь. А все из уважения к вам, моему бывшему учителю.

— Ну спасибо, — хмыкнул Гордеев, — я всегда знал, Боря, что ты добро помнить умеешь. И чего же ты им врал, интересно?

— Не столько врал, сколько умалчивал. Самое главное было не проговориться, что Захаров работает в частной охранной фирме, иначе они бы мне голову откусили там же, на месте. Вы же знаете, как наша родная прокуратура любит частные агентства. Прямо обожает. Спит и видит, как бы их деятельность свернуть навсегда и бесследно. Если бы я признался, что за моей спиной, но с ведома уголовного розыска над раскрытием убийства депутата Госдумы работал частный сыщик, меня бы... А, да что там, сами знаете, что со мной было бы. Ну вот, а раз нельзя делать акцент на Захарове, то пришлось с ходу придумывать, что я дал поручение Каменской найти оперативные подходы к фирме «Грант», она нашла какого-то Захарова, у которого в этой фирме есть знакомые, и стала через него выяснять возможности утечки информации из агентства. Захаров кое-что накопал и обещал Каменской показать человека, который кажется ему подозрительным. В этот момент его и убили. На первый раз вроде сошло, но если узнают, что все было не так, тогда мне совсем туго придется.

— Не узнают, если сам никому не скажешь. Ладно, Боря, извини старика, подставил я тебя, но не со зла, вот ей-крест. Хочешь правду скажу? Я и сам в эту версию не верил. Нелепая она какая-то. Но девочке хотелось поиграться в нее — почему я должен ей запрещать? Пусть работает, пусть опыта набирается, зубки обтачивает. Кто ж знал, что она опять в «яблочко» попала? Уцепилась за самую слабую версию, а оно вон как обернулось. Если бы я хоть на секунду допускал, что дело может дойти до трупа, я бы в жизни ей не позволил партизанить за твоей спиной. А теперь получается, что в «Гранте» действительно осела какая-то сволочь, которая продает информацию за хорошие деньги. И, поняв, что Захаров его раскусил, решил избавиться от Дмитрия. Причем, заметь себе, Боря, этот поганый частный сыщик — не кустарь-одиночка. За ним стоит большая сила. Я сам выезжал на место, потому что мне Анастасия позвонила. И перетряхнул весь «Грант» вот этими самыми руками, — Гордеев потряс пухлыми пальцами перед самым лицом следователя. — У всех сотрудников стопроцентное алиби. Большинство из них в момент убийства Захарова просто были в агентстве, ждали назначенного на пятнадцать часов совещания, остальные подъехали чуть позже, но и у них есть алиби. Их видели в других местах. Стало быть, этот сыскной гаденыш нашел кому пожаловаться на то, что Захаров его застукал, когда он рылся в картотеке директора. И к его жалобе отнеслись куда как серьезно, не отмахнулись, не послали его подальше самому разбираться со своими неприятностями.

— Ну да, — кивнул Гмыря. — Ценный кадр. И есть люди, которым он очень нужен. Ладно, черт с ней, с прокуратурой, главное — хоть что-то сдвинулось в деле, а то я уж совсем было надежду потерял. Виктор Алексеевич, дайте Каменскую, а?

— Перебьешься, — пошутил полковник.

— Ну почему? Хорошая же голова у нее, светлая. Не жадничайте.

— Я сказал: нет. Ей еще рано. Она к таким делам не приспособлена. Маленьким девочкам нужно держаться подальше от политики.

— Вы уж скажете! — Гмыря хрипло закашлялся. — Нашли себе маленькую девочку. Я же помню ее, мы вместе по убийству актрисы Вазнис работали. Такой маленькой дай один пальчик, так она не то что всю руку — она тебя целиком проглотит вместе с ботинками. Она небось всего на пару лет меня моложе.

— Дело не в годах, Боря, а в характере и в нервной системе. Вот убийство актрисы — это да, это то, что ей надо. А убийство депутата — не то. Знаешь, почему от меня люди не уходят?

— Потому что вы добрый, — ехидно поддел его Гмыря. — Всех любите, всем все с рук спускаете и всех жалеете.

— Нет, Боря, я не добрый, я мудрый. Я своих людей берегу. Сегодня я его сберег — завтра он, целый и невредимый, мне десять преступлений раскрыл. А не сберег, подставил, заставил работать за пределами собственных возможностей, довел до нервного перенапряжения и психологической травмы — и потерял его как минимум на полгода. Каждый должен делать то, что лучше всего умеет, только тогда будет толк. А если я хорошего стрелка не на стенд поставлю, а заставлю пятикилометровый кросс бежать, то он, конечно, дистанцию пройдет, но надорвется, сляжет, сердце не выдержит, руки будут дрожать. И рекорд в беге он не поставил, и на стенд мне выпустить будет некого. Байку понял?

— Байку-то понял, а насчет Каменской не понял. С чего вы решили, что она политическое убийство не потянет или, пользуясь вашей аллегорией, кросс не пробежит?

— Кросс, Боренька, она уже пробежала. И надорвалась. Теперь ни на что не годится, ни на бег, ни на стрельбу. Такие вот дела. Так что на Настасью ты не рассчитывай, а Коротков и Игорь Лесников — ребята толковые, если хочешь — Селуянова дам.

— Давайте, — оживился Гмыря, — я его знаю, он мобильный, одна нога здесь — другая там, все в руках горит. Давайте.

— У, глаза завидущие, руки загребущие, — засмеялся Гордеев. — Таблеток тебе надо выписать от жадности, и побольше, побольше. Ты на меня глазами-то не сверкай, все равно ты для меня пацан желторотый, хоть и дела особой важности ведешь. Скажи-ка мне лучше, чем же так прогневал муж покойную Юлию Николаевну, что она за ним слежку устроила, а?

— Причина одна из двух: или деньги, или бабы, — философски изрек следователь. — Все зло от них.

— От кого? От баб?

— И от денег тоже. Юлия была помешана на налоговых делах, безумно боялась, как бы муженек чего-нибудь от государства не утаил, очень она свою репутацию берегла. Видно, стала подозревать, что он зарабатывает куда больше, чем ей докладывает.

— По нашим сведениям, эти подозрения были беспочвенными, — заметил Гордеев. — Готовчиц ни в какой деятельности, кроме частной медицинской практики, участия не принимает. Проверено с точностью.

— Значит, женщины, — вздохнул Гмыря и снова высморкался. — Извините. Черт, да где же я эту простуду подцепил, ума не приложу! Теплынь на улице, даже под дождь не попал ни разу, а соплей выше головы.

— Нет, Боря, я все равно не понимаю, — упрямо качнул головой полковник. — Зачем устраивать слежку за мужем, если подозреваешь его в неверности? Ну вот ты скажи мне: зачем?

— Как это зачем? Чтобы вовремя пресечь блуд и вернуть его на стезю супружества. А то, если процесс запустить, и до развода дело дойдет.

Гордеев вперил в него тяжелый взгляд.

— Ох, Борька, бить тебя некому, и когда ты перестанешь всех людей по себе мерить? У тебя четверо детей, так для твоей жены развод — натуральная катастрофа, потому как все они маленькие и их еще растить и растить. А для Юлии Николаевны? Один ребенок, и тот пристроен в хорошие руки, живет в Лондоне в семье троюродной тетки, учится в хорошей английской школе. Сама Юлия — интересная, холеная тридцатишестилетняя, вполне состоявшаяся женщина, государственный деятель, имеет в руках профессию, кучу знакомых, наверняка и поклонники были. По отзывам знакомых и друзей, она была интеллигентной и умной дамой. С какого, извини меня, рожна ей так панически бояться развода? Зачем ей нанимать сыщиков для слежки за мужем? Ну зачем, Боря? Это же унизительно.

— Ну, не знаю, — проворчал Гмыря. — Значит, не ревность, а страх перед левыми деньгами. Что так, что эдак.

— Боря, проснись, — сердито сказал Гордеев. — Я понимаю, ты плохо себя чувствуешь, и голова, наверное, тяжелая из-за насморка, но давай уж одно из двух: или ты болеешь, или мы дело обсуждаем.

Гмыря с трудом поднял веки, которые то и дело норовили опуститься и закрыть от несчастного следователя опостылевший белый свет, и приложил ладонь ко лбу.

— Кажется, температура поднимается, — сиплым голосом констатировал он. — Виктор Алексеевич, у вас горячей водички можно раздобыть?

— Чаю хочешь?

— Нет, просто кипятку, я в нем «Колдрекс» растворю.

— И что получится?

— Полегче станет. Нет, кроме шуток, он температуру через пятнадцать минут снимает. Потом, правда, она опять поднимается, но часа два-три можно жить.

Когда Гмыре принесли большую кружку с кипятком, он высыпал в нее содержимое одного пакетика «Колдрекса» со смородиной и стал пить маленькими глотками. Колобок-Гордеев с опаской поглядывал на него, как обычно глядят, когда не понимают, как можно пить такую гадость.

— Противно? — наконец спросил он сочувственно.

— Да что вы, это вкусно, как чай с вареньем и лимоном.

— Лекарство не может быть вкусным, — с непоколебимой уверенностью произнес Гордеев. — Оно должно быть противным, чтобы человек с первого раза понимал: болеть — плохо. А если лекарство вкусное и лечиться приятно, то это сплошной обман и никакой пользы для организма. Брось ты эту гадость, Боря, давай я лучше тебе стакан налью.

— Вы что! — Гмыря вытаращил глаза и закашлялся, закрывая рот платком. — Какай стакан? Мне еще к себе на работу возвращаться.

— Ну ладно, пей свое пойло, травись, — Гордеев безнадежно махнул рукой. — Я пока воздух посотрясаю. Значит, мы с тобой решили, что не женщины-соперницы волновали Юлию Николаевну, а левые заработки супруга. Но я хочу знать, почему она стала беспокоиться об этом именно сейчас. Почему не год назад, не три месяца, а только в апреле этого года. Что-то должно было произойти, что заставило ее подозревать мужа. Не просто же так она все это затеяла, не с потолка и не с дурна ума. Что-то было. Ты согласен?

Гмыря молча кивнул, продолжая отпивать горячую жидкость из кружки.

— И после того, что произошло в воскресенье с Димой Захаровым, нам с тобой придется признать, что в чем-то покойная Юлия Николаевна оказалась права. Осуществляя по ее заданию слежку за Готовчицем, сыщики наткнулись на человека, которому все это дело страсть как не понравилось. Боря, наша с тобой задача — найти в среде знакомых Готовчица этого человека. Это убийца, Боря. К черту все парламентские дрязги, к черту журналистские расследования, все эти дороги ведут в тупик. Мы с тобой в этом тупике целый месяц простояли, а убийца глядел на нас из-за угла и мерзко хихикал. Мы бы никогда не поверили в Настасьину версию про частное агентство, если бы Захаров случайно не увидел того, кто продал убийце информацию о заказе Юлии, и после этого не погиб, так и не успев показать Насте этого типа. Ты согласен?

— Уф!

Гмыря залпом допил лекарство и отер с лица платком выступивший пот. Выглядел он и вправду плоховато, и Гордеев от души ему посочувствовал.

— Виктор Алексеевич, — просипел следователь, — вы мне друг?

— Я тебе учитель, — усмехнулся Колобок. — А ты всегда будешь пацаном для меня. Впрочем, я, кажется, тебе это уже говорил. Чего ты хочешь, сопливый?

— Вот только моя безграничная благодарность к вам и застарелое уважение к вашим сединам не позволяют мне обижаться, — заметил Гмыря, сумев даже слегка улыбнуться.

— А чего ж обижаться-то? — изумился полковник. — Ведь и вправду сопливый, вон носом-то как хлюпаешь.

— Уберите с этого дела Лесникова, — внезапно выпалил Гмыря, сдерживая рвущийся наружу кашель.

— Что?!

— Лесникова, говорю, уберите от меня, — повторил Борис Витальевич. — Не работается мне с ним. Добра не будет.

Гордеев внимательно посмотрел на бывшего ученика, потом снял очки и привычно сунул дужку в рот, что обозначало собой процесс глубоких раздумий.

— Вы не думайте, что это капризы. Ваш Лесников мне не верит. То ли себя больно умным считает, то ли еще что ему в голову запало, но он за каждым моим словом пытается второе дно нащупать. А это очень заметно. На кой ляд мне эта головная боль, а? Почему я должен терпеть его рядом с собой? Дайте лучше Каменскую, с ней я нормально работал.

— Про Настасью забудь. А насчет Игоря я подумаю. Ты не преувеличиваешь, Боря? Лесников хороший парень, серьезный. Может, показалось тебе?

— Мне, Виктор Алексеевич, никогда ничего не кажется. Хоть вы и говорите, что я как был опером, так и остался, а я все-таки следователь. Следователю не может ничего казаться, у него либо есть доказательства, подтверждающие его точное знание, либо их нет. А «кажется — не кажется» — это ваши штучки. Ох, полегчало. Хорошее все-таки это лекарство, зря вы его ругали. Так вот, Виктор Алексеевич, что я хочу вам сказать. Либо вы поручаете Каменской работать в бригаде под моим руководством, либо я перестану врать и покрывать ее самодеятельность. Договоримся?

Гордеев снова нацепил очки на нос и с любопытством взглянул на следователя.

— Это кто ж тебя, Боренька, старших шантажировать научил?

— Как это кто? Ваша школа. Сами говорите, что вы мой учитель.

— Выучил на свою голову... Нет, Борис Витальевич, не договоримся. С Лесниковым разберусь, если нужно будет — заменю его другим оперативником. А Каменскую ты не получишь. И не мечтай. Спасибо, что сам пришел, спасибо, что в генпрокуратуре не заложил меня, я это ценю и за это тебе благодарен. Если ты хочешь, чтобы Настасья что-то для тебя сделала — скажешь мне, я ей поручу. Я.

Ты понял? Я, а не ты. Ты ею командовать не будешь. До поры до времени.

— Понял, — Гмыря снова улыбнулся, на этот раз широко. Было видно, что ему и в самом деле стало получше. — Так бы сразу и сказали. А то «не дам, не мечтай, не получишь». Я что, человеческого языка не понимаю?

— Ну, я рад, что понимаешь. И не вздумай меня еще чем-нибудь шантажировать, я ведь тебя не всему, что знаю, научил. У меня в запасе такие фокусы есть — не обрадуешься.

Когда Гмыря ушел, Виктор Алексеевич некоторое время занимался бумагами и текущими делами, потом вызвал к себе Настю.

— На тебя Гмыря зуб точит, хочет в свою бригаду получить, — сообщил он, не поднимая головы от очередного документа.

— У него и так полно народу. Неужели ему мало? — удивилась Настя.

— Выходит, мало. Я сказал, что против. Но строго говоря, деточка, он прав. Тебе надо подключаться. Давай-ка начинай работать плотнее. И в первую очередь займись неутешным вдовцом. Сиди у него в квартире день и ночь, стань ему лучшим другом, но выясни, что такое произошло, после чего Юлия Николаевна наняла частных сыщиков. Что заставило ее сделать это? Где-то в окружении Готовчица притаился убийца, но наш психоаналитик, насколько мне известно, почти не выходит из дома и ни с кем не общается, так что установить круг его контактов крайне затруднительно. Остается единственный источник информации — он сам.

— А агентство? — спросила Настя. — С ним ведь тоже нужно работать. Димка не успел мне показать того, кто рылся в картотеке. Но его надо найти другим путем.

— Другим путем и будем искать. Но не тебе же этим заниматься. Ты туда приходила с Захаровым, тебя видели. Теперь скажи мне, что у нас с телевидением? Есть что-нибудь новое?

— Миша Доценко мне сегодня поведал изумительную по простоте и изяществу историю. Теперь мне понятно, за счет каких денег существовала программа «Лицо без грима» и почему она так резко изменилась после гибели Андреева и Бондаренко...

Не сумев выяснить ничего внятного у сотрудников программы, Доценко отправился искать тех, кто появлялся на экране в качестве гостей Уланова. Первых же десяти встреч оказалось достаточным, чтобы больше никого не беспокоить, ибо поведанные этими людьми истории были похожи друг на друга, как две капли воды, различаясь только финалом.

В один прекрасный день раздавался телефонный звонок, и мужчина с приятным голосом вежливо спрашивал, не согласится ли имярек принять участие в программе «Лицо без грима». Имярек — человек, безусловно нуждающийся в рекламе и паблисити, — радостно соглашался. Далее следовал вопрос о том, когда ему удобно будет встретиться с корреспондентом. Назначалась встреча. Приезжала корреспондент Оксана Бондаренко, очаровательная молодая женщина, которая долго и подробно выспрашивала будущего гостя обо всех перипетиях его жизни, о его пристрастиях, вкусах, привычках, любимых книгах, фильмах и политических деятелях. Беседа занимала часа три-четыре, после чего Оксана предупреждала, что до съемки нужно будет встретиться еще раз, а может быть, и два, и просила к следующей встрече подобрать фотографии имярека разных периодов его жизни. Имярек подбирал.

Старался, естественно, чтобы были получше. Во время второй встречи Оксана снова задавала вопросы, что-то все время записывала и по ходу обдумывала. Смотрела фотографии. Просила показать гардероб и, мило смущаясь, говорила, что лучше определиться сразу, в чем имярек пойдет на съемку, потому что не всякий костюм (рубашка, платье, блузка) будет хорошо смотреться на фоне голубых стен студии и при ярком освещении. Одежду выбирали вместе. Наконец назначался день съемки. Если у имярека были проблемы с транспортом, за ним присылали машину.

Перед съемкой устраивалось чаепитие с конфетами и пирожными, во время которого происходило знакомство с ведущим, Александром Улановым. Потом имярек поступал в распоряжение гримера. Потом начиналась съемка, которая длилась примерно час. До этого момента все, как обычно, за исключением, может быть, уж слишком дотошной работы корреспондента, но это только делает честь программе.

Дальше начинается пьеса под названием «Мы так вас любим, вы такой умный». Имярека приглашают в студию и показывают ему сорокаминутную запись. Из часовой кассеты, отснятой во время записи, осталось только сорок минут, потому что вырезаны самые неудачные куски. Но передача идет всего двадцать минут, при этом по минуте в начале и в конце — реклама, и еще в общей сложности три минуты — заставка и перебивки, во время которых на экране показываются фотографии всех периодов жизни гостя, а голос за кадром излагает основные вехи его биографии. То есть чистой беседы гостя с Улановым должно быть не больше пятнадцати минут. Иными словами, из оставшихся сорока минут еще двадцать пять надо сократить. И вот этот самый процесс происходит при непосредственном участии самого гостя. Ему дают возможность посмотреть, как неудачно он может выглядеть на экране и какие глупости иногда говорит, не подумавши. Он с ужасом слышит собственные корявые фразы, видит некрасивые жесты и приходит в восторг, когда камера ловит удачный ракурс, а с экрана доносится связная грамотная речь, перемежаемая остроумными шутками. С ним вроде бы советуются. «Давайте вот этот кусочек уберем, — говорят ему, — а вот здесь вы просто великолепны. Посмотрите, как хорошо вас поймал оператор, просто чудо. Ой, как вы здорово это сказали! Так, а вот это, кажется, не очень удачно, как вы думаете?» Имярек, естественно, именно так и думает. И под его чутким руководством и при его непосредственном участии сорок минут непонятно чего превращаются в пятнадцать минут беседы Уланова с интересным, глубоким, образованным и необычным человеком, имеющим собственные взгляды на жизнь. При этом, заметьте себе, после гримера имярек выглядит раз в двести лучше, чем в обыденной жизни. Это Миша Доценко видел собственными глазами, ведь он в первую очередь навестил тех, чьи беседы с Улановым удалось записать на видео сразу после трагедии с Андреевым и Бондаренко.

Увидев результат, имярек начинает больше всего на свете хотеть, чтобы передача увидела свет. Его можно понять: он нуждается в паблисити, и эта передача ему просто необходима. Кроме того, он нормальный живой человек, и, как всякому нормальному человеку, ему хочется произвести хорошее впечатление. Если уж ему удалось так хорошо выглядеть и так здорово выступить, то об этом должно узнать как можно больше людей. Поэтому он с горящими глазами спрашивает: когда? Когда вожделенная пленка будет обнародована и показана по всероссийскому каналу? Ему отвечают: как только — так сразу. Мы вам позвоним. Да-да, разумеется, заранее, а не в день эфира, чтобы вы смогли предупредить всех знакомых, родственников и друзей. Да, конечно, и кассету после передачи мы вам подарим, мы специально для вас сделаем копию, чтобы у вас осталась память, так что записывать на видео не обязательно.

Имярек уходит домой, счастливый и вожделеющий славы, а тем временем начинает разыгрываться вторая пьеса, под названием «За все надо платить». Можно полагать, что делалось это не каждый раз. По Мишиным прикидками, примерно в каждом четвертом-пятом случае. По какому сценарию ее играют — еще предстоит выяснить, но это на самом деле не столь важно. Важен результат. У имярека есть состоятельные знакомые (будем пока называть их так), состоящие с ним в деловых отношениях. Может быть, спонсоры, может быть, партнеры, может быть, просто люди, чем-то ему обязанные. И вот эти самые знакомые вдруг звонят имяреку и спрашивают, настаивает ли он на том, чтобы передача пошла в эфир. Разумеется, он настаивает! А как же может быть иначе? Для чего же тогда все это делалось? Понимаете ли, говорят ему богатые знакомые, нам предложили внести спонсорский взнос на программу «Лицо без грима», в противном случае уже записанная и смонтированная передача в эфир не пойдет. Сколько? Много. Двадцать тысяч долларов. Мы, конечно, можем заплатить, от нас не сильно убудет, так что если вы настаиваете... Имярек в растерянности. Он ведь уже видел себя на экране, и это было так хорошо! И ему так хочется... Он просит время на размышления, но чем больше размышляет, тем больше ему хочется, чтобы передача вышла. Ах, если бы он ее не видел! Тогда можно было бы разумно опасаться, что там не все гладко, что он, возможно, выглядел не лучшим образом, и тогда черт с ней, с этой передачей, деньги заплатят, а окажется только во вред. Если бы так... Но вся беда в том, что он уже ее видел. И в ней нет ни одного слабого места, ни одного неудачного выражения, ни одного некрасивого поворота лица. Человеку свойственно любить самого себя, это признак здоровой психики, это нормально и правильно.

Ему показали его самого, привлекательного, обаятельного, умного и неординарного, и он попался на этот крючок. Расчет безошибочный. Надо иметь совсем особый характер, чтобы не попасться.

И в итоге имярек твердо заявляет, что он настаивает на выходе передачи. Передача выходит. Вот и все.

Оксана Бондаренко свое дело знала отлично. Долгие беседы с будущим гостем программы были нужны для того, чтобы выявить самые сильные его стороны, нащупать те проблемы и вопросы, обсуждая которые он высказывает наиболее интересные взгляды и суждения. Она даже одежду помогала выбирать, чтобы гость смотрелся на экране как можно лучше. Когда Оксаны не стало, готовить передачи стало некому. Можно было бы через очень короткое время найти такого же толкового и расторопного корреспондента и вернуться к былой практике, но Уланов с той поры работает только в прямом эфире. О чем это говорит? О том, что он не знает, где и как искать таких гостей, за спиной у которых стоят богатые спонсоры. Совершенно очевидно, что этим занимался директор программы

Виктор Андреев, и с его смертью милое вымогательство прекратилось...

— Действительно, милое, — покачал головой Гордеев. — Можно предполагать, что Андреева и Бондаренко как раз из-за этого и убили. То ли запрашиваемая сумма возмутила гостя и его благодетелей, то ли телевизионщики надули кого-нибудь, деньги взяли за эфир, а передачу не показали.

— Могло быть и по-другому, — заметила Настя. — Ход переговоров был таким сложным, напряженным и наполненным взаимными оскорблениями, что команда Андреева — Уланова, взяв деньги, перемонтировала пленку, убрав самые удачные куски и оставив самые плохие. Как вам такая версия?

— Ну, деточка, это несерьезно. Это уж просто детский сад какой-то, мелкое злобное хулиганство. Хотя как знать... На этом свете все бывает. Надо срочно раздобыть кассеты с программами, которые пошли в эфир в последние полгода. Скажи Мише, пусть займется. Посмотрим, нет ли хоть одной такой передачи. И вот еще что, Настасья...

Гордеев умолк и уставился взглядом в окно. То, о чем он собрался поговорить с Настей, ему самому не нравилось, но сказать все равно надо.

— Да, Виктор Алексеевич? — полувопросительно сказала она.

— Гмыря просит забрать из бригады Игоря Лесникова. Не могут они найти друг с другом общий язык. Ты не знаешь, в чем там дело?

— Игорю не нравится Гмыря, вот и все, — она пожала плечами. — Обычное дело, когда оперативнику вдруг начинает не нравиться какой-нибудь следователь или наоборот. Мне тоже, если вы помните, Костя Ольшанский долгое время не нравился, потом притерлись и даже подружились. Ничего особенного.

— Гмыря утверждает, что Лесников ему не верит и за каждым словом ищет второе дно. Это так?

Она посмотрела на начальника светлыми глазами, в которых не было ни смущения, ни неловкости, хотя фактически получалось, что они за спиной обсуждали сотрудника, и ничего хорошего в этом не было. Но за то и любила Настя полковника Гордеева, что знала совершенно точно: он никогда не сделает по отношению к своим подчиненным ничего непорядочного, и в его присутствии можно не напрягаться. Если он обсуждает Игоря — значит, так надо.

— Да, — ответила она, — это так. Игорь ему не верит. А чего же вы хотите в деле о политическом убийстве? Игорь, как всякий нормальный милиционер, всегда имеет в виду, что на следователя уже оказывают давление, что его уже купили или запугали. И всякий раз, когда следователь начинает педалировать какую-то одну версию и повышает голос, как только речь заходит о чем-нибудь другом, так вот, всякий раз возникает здоровое подозрение. Было бы странно, если бы оно не возникало. Игорь — опытный сыщик и просто умный человек, с логикой и тревожностью у него все в порядке. И если бы на его месте оказалась я, то тоже не верила бы Гмыре. Игорь хочет выстроить такую версию, в которую укладывался бы взлом квартиры Готовчицев, а Гмыря кричит, что кража не имеет к этому никакого отношения и чтобы Игорь вообще забыл о ней, будто ее и не было. Вы-то сами что делали бы на его месте?

— Я-то? — усмехнулся Гордеев. — Я, деточка, свою сыщицкую жизнь прожил ярко, интересно, результативно, но неправильно. Партизанил много, законы регулярно нарушал. Зато когда стал начальником, понял, что вас, моих подчиненных и моих детей, надо учить работать по-другому. Сейчас адвокаты не те, что были раньше, и законы другие, сейчас за малейшее нарушение можешь получить полностью разваленное уголовное дело. Мне ваших трудов жалко, мне до слез обидно, когда вы мучаетесь, мозги напрягаете, ночами не спите, жизнью рискуете, а из-за какой-то поганой мелочи, которую адвокат опротестует, и совершенно, надо сказать, справедливо, все это катится псу под хвост и дело прекращается. Так что ты имей в виду, что начальник Гордеев — это совсем не то же самое, что сыщик Гордеев.

— Вы мне не ответили, — напомнила Настя. — На месте Игоря как бы вы себя повели?

— А я на месте Игоря не бывал, потому что в мое время политических убийств не случалось. Все больше по пьянке, из-за баб или из-за денег. Ты меня не подначивай, я тебе все равно не скажу то, что ты хочешь услышать. Ты хочешь, чтобы я тебе сказал, можно верить Гмыре или нет? А я не знаю. Не знаю я, Стасенька. В этой жизни все так круто поменялось, что где друг, где враг — ни хрена не разберешь. Пока жив буду, всегда буду помнить о нашем Ларцеве. У кого рука поднимется назвать его врагом? Ни у кого. А ведь работал на ту сторону. Не по призванию, не по убеждению, а из-за страха за дочь. Можно его простить? Не знаю. Можно его понять? Можно. Вот и думай. Сама думай. Когда Борька Гмыря зеленым опером начинал, мне казалось, я его насквозь вижу, но это было лет двадцать назад. Каким он стал за эти годы? Может ли он продаться? А испугаться? Он ведь с оперативной работы на следствие ушел именно из-за детей, это все знали. Боялся жену вдовой оставить, а малышей — сиротами. Но это случилось лет пять назад, когда работать следователем еще было не так опасно и трудно, как сейчас. Борькина жена дома сидит с детьми, так что они вшестером живут на одну его следовательскую зарплату да на детское пособие. Не разгуляешься, сама понимаешь. Короче, я это все к чему веду-то...

Он снова умолк, делая вид, что ищет что-то в ящике стола. Настя терпеливо ждала продолжения.

— Ты поговори с Игорем. Мне самому не с руки, он мальчик неглупый, сразу поймет, что Гмыря жаловаться приходил. Не стоит отношения между ними напрягать попусту. Насчет недоверия друг к другу в деле о политическом убийстве ты все правильно сказала, вот и постарайся убедить Игоря, что не нужно демонстрировать свои чувства на всех перекрестках, а особенно в кабинете следователя. Следователь ведь тоже не на грядке вырос и не вчера работать пришел, у него ровно столько же оснований в деле о политическом убийстве не доверять любому из оперативников, верно? И то, что Игорь расценивает как проявление продажности, может оказаться просто проявлением того же самого здорового недоверия.

— Хорошо, — кивнула Настя, вставая, — я поговорю с ним.

ГЛАВА 15

Выполняя поручение начальника, Настя не уходила домой, пока не появился Игорь Лесников. Он был усталым и измученным, лицо приобрело какой-то землистый оттенок, глаза ввалились. Настя знала, что со здоровьем его ребенка возникли серьезные проблемы, немудрено, что Игорь так плохо выглядит.

— Ты чего засиделась? — спросил он,

проходя мимо по коридору и даже не глядя на Настю.

— Тебя жду, — честно ответила она.

— Зачем?

— Поговорить надо о Готовчице. Что-то там не все ладно. Кстати, Игорек, я хотела с тобой посоветоваться. Гмыря хочет, чтобы меня назначили к нему в бригаду. Я упираюсь, а Колобок считает, что мне уже хватит в тенечке отсиживаться.

— И что? — равнодушно спросил он, по-прежнему шагая вперед и не глядя на нее.

— Хочу спросить: он очень противный?

— Кто? Гмыря? Не очень. Выдержишь.

— Игорь, я ведь не шучу. Я с Гмырей работала по убийству Алины Вазнис, и он мне тогда показался нормальным мужиком. Но я точно так же хорошо помню, что тебе он не понравился. Ты даже говорил какие-то слова о том, что ему не веришь. Вот я и хочу спросить, насколько серьезны эти твои высказывания.

— Серьезны.

— Ты можешь разговаривать по-человечески? — взорвалась Настя. — Что ты цедишь слова сквозь зубы, как будто я нищий на улице и выклянчиваю у тебя милостыню.

Лесников остановился посреди коридора и с интересом взглянул на нее.

— Ожила, что ли? Эмоции какие-то появились. А то ходила как вареная вобла.

— Вобла не вареная, она сушеная, — с улыбкой возразила Настя.

— Сам знаю. Но если сушеную воблу как следует поварить, то как раз получишься ты. Ася, у меня цейтнот, так что извини.

Он снова быстро зашагал по коридору, но Настя не отставала.

— Подожди, Игорь, ну еще два слова. Это для меня важно.

— Ладно, только я сначала позвоню.

— Пошли ко мне, — предложила она, — моя конура ближе, а я тебе кофе налью, у меня как раз кипятильник включен.

Лесников молча кивнул на ходу и свернул к Настиной двери. Войдя в кабинет, он тут же схватился за телефонную трубку. Настя наливала кофе, краем уха прислушиваясь к разговору, хотя и понимала, что вообще-то это не совсем прилично. Но ей нужно было выполнить поручение Гордеева, а Игорь явно не расположен к задушевным беседам, и ей необходимо быстро понять его настроение, чтобы найти подход к неразговорчивому коллеге. Из его реплик стало понятно, что очередной врач, к которому ребенка возили на консультацию, тоже ничего вразумительного сказать не смог и посоветовал обратиться к специалистам по заболеваниям крови.

— Игорь, — сказала она, когда Лесников положил трубку, — может, тебе сходить к Колобку?

— Зачем?

— Пусть он заменит тебя в бригаде у Гмыри. Возьми две недели в счет отпуска и займись ребенком, так будет лучше.

— Кому лучше? — сухо спросил Игорь.

— Всем. В первую очередь — твоей жене и дочке. А дело не пострадает, все равно ты не работник, у тебя голова не тем занята.

— И Гмыре будет лучше?

Настя вздрогнула. Откуда он узнал, что следователь просил забрать его из бригады? Или не узнал, а просто почувствовал неприязнь и желание избавиться?

— Чего ты на него взъелся? — как можно миролюбивее заметила она. — А сам только что говорил, что он не очень противный. Сказал, что даже я выдержу. Пей кофе, а то остынет.

Лесников молча взял чашку, сделал несколько глотков, потом поставил ее на стол и вытащил из кармана сложенный пополам лист бумаги.

— На, прочти.

— Что это?

— А ты прочти сначала.

Настя развернула листок. Две строчки, отпечатанные на обычном матричном принтере:

«Твой следователь давно куплен. Если хочешь раскрыть убийство депутата, не верь ни одному его слову».

Она аккуратно сложила листок и положила на стол.

— И что теперь? Давно ты это получил?

— Неделю назад.

— И до сих пор молчал. Ты что, с ума сошел? Почему Колобку не доложил?

— Потому что не люблю анонимок. Прежде чем бежать к начальству, надо прислушаться к себе и понять, веришь ты этой анонимке или нет. И потом, какой смысл идти к Колобку? Все закономерно, кто-то убил депутата Готовчиц и хочет, чтобы преступление не раскрыли, а кто-то другой этого не хочет. Если

Гмыря куплен, мой поход к руководству ясности все равно не внесет. На основании анонимок следователей от дела не отстраняют. А если это поклеп, то у Бориса Витальевича будут неприятности ни за что ни про что.

— Как к тебе попала эта прелесть?

— В почтовый ящик бросили, даже без конверта. Жена вместе с газетами достала.

— Может, это не тебе? — на всякий случай безнадежно спросила Настя, хотя прекрасно понимала, что письмо было адресовано именно Игорю. Глупо было бы надеяться, что кто-то из соседней квартиры или даже из соседнего дома тоже работал в уголовном розыске и занимался убийством еще какого-нибудь депутата, а письмо по ошибке бросили не в тот ящик. Никакого другого убийства депутата ни у кого в производстве нет, это Настя знала точно. Подобные преступления всегда стоят на жестком контроле, и не может такого быть, чтобы хоть об одном из них на Петровке не знали.

— Не может, — жестко ответил Игорь. — Так что ты хотела спросить насчет Готовчица?

Настя с ходу не смогла сообразить, о

чем он спрашивает. Фраза о Готовчице была обыкновенным «крючком», чтобы разговорить Лесникова, на самом же деле ее интересовало совсем другое.

— Погоди, о нем потом. Ты уверен, что Гмыря не получил такую же бумажку?

— Гмыря? Я не понял.

— Игорь, мы с тобой давно уже живем во времена всеобщей гласности, ты не забыл об этом? Если есть на свете человек, искренне заинтересованный в раскрытии убийства депутата, то почему он шлет тебе подметные письма? Это же полная глупость. Человек получает сведения о том, что следователь подкуплен, и, желая, чтобы процессу раскрытия и расследования преступления ничто не мешало, он садится за стол и пишет письма в МВД, в Генпрокуратуру, в Верховный Суд, в прессу. Он обивает пороги в инстанциях, он кричит о своих подозрениях на всех углах, дает громкие интервью. Вот так себя сегодня ведут. А если он пишет анонимки, то он либо псих, либо дурак, либо хочет внести разлад в работу бригады. И в первом, и во втором, и в третьем случае ему верить нельзя. Но в первых двух случаях он вполне мог ограничиться только одним письмом — вот этим. В третьем же случае он со стопроцентной вероятностью напишет точно такое же письмо и Гмыре, и Юрке Короткову, и кому угодно. Ему нужно породить между вами взаимное недоверие. Зря ты о письме молчал столько времени, давно бы уже все выяснил.

Игорь молчал, и видно было, что думает он о чем-то другом. Когда у тебя тяжело болен маленький ребенок, то какое уж тут убийство депутата. И проблема подкупа следователя как-то меркнет...

— Я возьму письмо, — решительно сказала Настя. — И ни о чем не беспокойся. Только я тебя прошу, не демонстрируй Гмыре свое недоверие, помни о том, что и он может тебе не верить.

— А я тебя прошу — не вмешивайся, — холодно произнес Игорь. — Отношение к следователю — это интимное дело каждого опера. Прояви, будь любезна, деликатность.

Настя с изумлением слушала Лесникова и не понимала, что происходит. Да, Игорь всегда был замкнутым, с коллегами ничем особенно не делился, редко улыбался и вообще был как бы «вещью в себе». Он был совершенно не похож на Юру Короткова, который вспыхивал моментально, как порох, и тут же бежал к

Насте делиться любыми новостями, и плохими, и хорошими, причем привычка все обсуждать с Каменской была в нем настолько сильна, что он не задумываясь звонил ей домой и в пять утра, и в два часа ночи. Игорь же ни с кем из отдела не был близок, держался со всеми ровно и дружелюбно, в просьбах не отказывал, но сам почти никогда ни о чем не просил.

— Хорошо, извини, — смущенно сказала Настя. — Я не хотела лезть в твои интимные отношения с Гмырей. Ты настаиваешь на том, чтобы я никому не рассказывала о письме?

— Делай как знаешь. Но не жди от меня никаких действий. Гмыря мне не нравится, и на этом закончим. Разбираться с письмом я не буду, у меня и без него проблем достаточно.

По дороге домой она не могла отделаться от неприятного осадка после разговора с Лесниковым. Его реакция на письмо была необычной, более того — неправильной и непрофессиональной. Уж чего-чего, а этого она от Игоря никак не ожидала. «А ты на себя посмотри, курица! — с внезапной злостью сказала она себе. — Кто ты такая, чтобы судить о его профессионализме? Главный сыщик всей

России? Игоря дважды признавали лучшим оперативником главка, а тебя? Вспомни лучше, какие высоты профессионального мастерства ты сама демонстрировала не далее как в минувшем январе, когда очертя голову кинулась подозревать отчима, вместо того чтобы сесть и хладнокровно все продумать и взвесить. Прав был Готовчиц, чужую беду все мы горазды руками разводить. А когда тебя самого коснется, мозги полностью отказывают. У Игоря болен ребенок, и болен, судя по всему, тяжело, у него голова занята только этим. Кто осмелится его осудить? Когда все вокруг начинают кричать, что милиция не раскрывает преступления, подразумевается, вероятно, что в милиции работают исключительно киборги, у которых нет души, нервов, семейных проблем и болезней. Считается, что все наши помыслы должны быть направлены только на поиски преступников и разгадку криминальных секретов, и это, наверное, правильно. Так действительно должно быть. Но природа распорядилась иначе, мы не киборги, а живые люди, и мы далеко не всегда можем сосредоточиться полностью на деле, потому что мысли отвлекаются на всякие человеческие проблемы, потому что мы точно так же, как все, болеем, страдаем, нервничаем, любим, женимся и разводимся, хороним близких и друзей, считаем копейки до зарплаты, которую еще неизвестно когда дадут, и выслушиваем справедливые упреки жен в том, что ребенок обносился и ему нужны новые ботинки, а денег нет. Мы такие же, как все, никто не освободил нас от обычной повседневной жизни со всеми ее тяготами, и от этого мы часто делаем ошибки, не можем додуматься до очевидного, не успеваем сделать необходимое. Нужно ли нас за это осуждать? Можно ли нас за это простить? Не знаю...»

Квартира показалась Насте неожиданно пустой, холодной и одинокой. Душевная боль, столько времени заставлявшая ее стремиться к молчанию и уединению, прошла, словно вместе с Димой Захаровым убили и ее, эту изматывающую, тупую боль. И теперь Насте хотелось, чтобы рядом с ней был Леша, такой теплый, родной и надежный. «А вдруг он не вернется? — мелькнула сумасшедшая мысль. — Вообще никогда не вернется. Пожил со мной в браке два года и понял, что это типичное не то. Пока мы жили отдельно и виделись раз в неделю, все было по-другому, и мы смогли поддерживать отношения на протяжении двух десятков лет. Господи, страшно подумать, как давно мы вместе! С девятого класса. Когда мы познакомились, мне было пятнадцать, а теперь уже почти тридцать семь. Я хочу, чтобы он вернулся. Мне плохо без него. Сегодня вторая годовщина нашей свадьбы. Я в своем репертуаре, вспомнила об этом только сейчас. Интересно, Лешка тоже забыл или помнит и дуется на меня за то, что я его не поздравила?»

Отрезая хлеб, чтобы сделать бутерброд, она думала о том, что сейчас позвонит Алексею в Жуковский. Она не будет просить его вернуться, она просто поинтересуется, как себя чувствует его отец. «Детский сад какой-то, — сердито сказала она себе, укладывая на хлеб толстый кусок телячьей колбасы и намазывая сверху плавленым сыром, — я позвоню тебе, но как бы не тебе, то есть как бы тебе, но якобы для того, чтобы спросить про отца, потому что мы как бы в ссоре. Любопытное выражение это «как бы», у людей моложе тридцати оно сегодня повторяется через слово, как у некоторых «блин». И откуда оно взялось?»

Оставив на столе готовый к употреблению бутерброд, она сняла телефонную трубку.

— Лешик, это я. Как папа?

— Спасибо, плохо, — коротко ответил муж. — А ты как?

— Я тоже плохо, — призналась Настя. — Но, наверное, лучше, чем твой отец. Что с ним?

— Тебе понадобилось три дня, чтобы этим поинтересоваться? — осведомился Чистяков. — Ладно, не будем мелочиться. Вчера его положили в больницу, мама сегодня там ночует. Если к утру не станет хуже, будут оперировать.

— Я нужна? Поручи мне что-нибудь, я все сделаю. Леш, не злись на меня, я чудовищная дура, но я все поняла. Хочешь, я приеду?

— Толку-то от тебя, — усмехнулся он. — Ты даже суп сварить не сможешь.

— Я могу подежурить в больнице, чтобы вы с мамой отдохнули. Могу достать лекарства, даже самые дефицитные. Лешенька, не отталкивай меня, ты же всегда умел меня прощать.

— Да при чем тут это, Ася, — с досадой ответил он. — Я не сержусь на тебя, у меня есть другие проблемы. Если хочешь — приезжай, но это не обязательно, мы вполне справляемся.

— Я приеду, — решительно сказала она. — Позвони мне завтра, когда станет известно насчет операции, хорошо?

— Хорошо, я позвоню. Ты Сашу с Дашенькой поздравила или опять забыла?

Ах ты, Господи, про брата-то она забыла! У них ведь свадьбы в один день состоялись, специально подгадывали, и у Саши с Дашей сегодня тоже вторая годовщина.

— Понятно, — констатировал Алексей, правильно истолковав возникшую паузу, — значит, забыла. Позвони, пока еще не очень поздно, они дома, я с ними полчаса назад разговаривал.

— Прости, Лешенька, я совсем голову потеряла, — пробормотала она. — Я тебя поздравляю, солнышко. Или ты считаешь, что уже не с чем?

— Не говори глупости. Я очень тебя люблю. Но любить человека и уметь жить с ним бок о бок — это не одно и то же, и ты лучше меня это понимаешь.

— Ты не хочешь больше со мной жить?

— Это ты не хочешь. Или не можешь.

— Я могу с тобой жить. И хочу. Пожалуйста, возвращайся, когда с папой все уляжется. Вернешься?

— Куда ж я денусь, — усмехнулся Чистяков. — Правда, не обещаю, что это будет скоро.

— Я подожду. Ты только пообещай.

— Ладно, ложись спать, время позднее. Саше не забудь позвонить.

Конечно, она позвонит. Поздравит брата и его очаровательную жену Дашеньку, съест свой нехитрый бутерброд, примет душ и ляжет спать. Нельзя сказать, что в жизни все прекрасно, но наличие проблем и неприятностей — дело обычное и нормальное. Лешка вернется. Это главное. А все остальное можно к этому прикладывать с разных сторон. Нужно уметь отделять в этой жизни главное от второстепенного, в этом и есть настоящая мудрость. И почему только она приходит к людям так поздно, когда уже сделаны все мыслимые и немыслимые ошибки и глупости?

* * *

Владислав Стасов уже поужинал, придя с работы, и собирался улечься на диван перед телевизором, когда позвонила его первая жена, Маргарита. Поговорив с ней, он начал быстро одеваться.

— Что случилось? — встревоженно спросила Татьяна, наблюдая за поспешными сборами мужа.

— Лилька чудит. Отвернулась к стене и плачет, а в чем дело — не говорит. Рита уже часа три с ней бьется, и никакого толку. Я поеду к ним.

— Конечно, — кивнула Татьяна, — поезжай.

Десятилетняя Лиля, дочь Стасова от первого брака, была спокойной и рассудительной девочкой, которая больше всего на свете любила читать, причем все без разбора, и почти никогда не плакала. Истерика длительностью в три часа (если, конечно, Маргарита по обыкновению ничего не преувеличивала) была настолько для нее нехарактерна, что было чего испугаться. Опыт следственной работы подсказывал Татьяне, что речь может идти о самом неприятном: девочку напугал сексуальный маньяк, но она стесняется рассказывать об этом взрослым. Такое встречается гораздо чаще, чем многие думают, и при неправильном поведении окружающих приводит подчас к страшным последствиям в виде искалеченной психики и изломанной в будущем личной жизни. Сам Стасов такое тоже видел, Татьяна знала, что года полтора назад он вместе с Настей Каменской занимался раскрытием убийства известной кинозвезды Алины Вазнис, вся жизнь которой пошла под откос именно из-за такого вот урода, растлевающего маленьких девочек, которые не могут поделиться со взрослыми своими страхами.

Проводив мужа, она легла в постель с книжкой, но мысли с книжного текста все время съезжали на служебные дела, хотя с ними, строго говоря, было покончено. На работу больше ходить не надо, и можно расслабиться. И тем не менее в голову постоянно лезли какие-то соображения по поводу убийства колдуньи Инессы.

Стасов вернулся около двух часов ночи, расстроенный и злой.

— Ты почему не спишь? — спросил он, увидев, что Татьяна по-прежнему лежит с книгой в руках.

— Тебя жду. Ну, что там с Лилей?

— Да бред какой-то! — в сердцах выпалил он, стягивая через голову свитер вместе с майкой. — Вбила себе в голову, что после рождения нашего с тобой малыша я перестану ее любить. И откуда в ее головке появляются такие глупости? Ведь разумная же девочка, так много читала, и нас с тобой все хотела побыстрее поженить, помнишь?

— Конечно, — улыбнулась Татьяна, — она себя вела покруче профессиональной свахи, все уши нам прожужжала о том, что взрослые люди должны жить в браке.

— Вот-вот, а теперь переживает, что я буду любить нового ребенка, а про нее забуду. Уж я ей и объяснял, и уговаривал, и обещания давал. Плакать перестала, но, кажется, все равно не поверила мне и не успокоилась. И Ритка тоже масла в огонь подливает, совсем мозгов у нее нет.

Стасов забрался в постель, натянул одеяло и прикрыл глаза.

— Все, Танюша, гаси свет, давай спать. Завтра разберемся.

Через несколько минут послышалось его ровное дыхание, засыпал Владислав быстро даже при волнениях и тревогах. А Татьяна еще долго ворочалась, инстинктивно прикладывая руки к животу и думая о том, не повредит ли маленькому, если она не будет все время сидеть дома. Уже засыпая, она все-таки решила, что не повредит. Говорят, ходьба в умеренном темпе полезна для беременных.

* * *

Утром, едва за уходящим на работу Стасовым закрылась дверь, Ирочка заявила:

— Таня, я все приготовила, и обед, и ужин. Ты без меня справишься?

— Справлюсь, невелика премудрость, — засмеялась Татьяна. — А ты куда-то собираешься?

— Да, — коротко ответила Ирина, скидывая халатик и распечатывая пакет с новыми колготками.

— Надолго?

— На весь день. Вернусь поздно вечером. Тань, посмотри, эти колготки не слишком темные для белого костюма?

Татьяна внимательно осмотрела стройные ножки своей родственницы, обтянутые тонкой тканью.

— По-моему, нормально. Ну-ка приложи юбку.

Ира достала из шкафа длинную элегантную юбку из тонкой белоснежной лайки и приложила к себе.

— Пойдет, — кивнула Татьяна. — И с кем ты собираешься провести день? С новым кавалером?

— Ну, он не такой уж новый, мы знакомы уже неделю.

— Да, это солидный срок, — покачала головой Татьяна. — И как он тебе до сих пор не надоел?

— Сама не знаю, — шутливо вздохнула Ира. — Как ты думаешь, к белому костюму пойдет вот этот зеленый шарфик? Или лучше вот этот, ярко-розовый?

— Ирка, не морочь мне голову, надевай любой.

Пока Ира металась по квартире, собираясь на свидание, Татьяна тихонько сидела за кухонным столом, чтобы не мешать столь ответственному процессу. Родственница упорхнула, на прощание чмокнув ее в щеку и дав последние указания по части обеда и ужина, и Татьяна тоже стала потихоньку собираться. Она до конца не понимала, что гонит ее из дома, но постоянно ощущала неловкость из-за плохо проведенного следствия по делу об убийстве Инны Пашковой. И с этим надо было что-то делать. Правда, она не знала точно, что именно.

Выйдя из дома, она с удовольствием прогулялась неторопливым шагом до метро, хотя было довольно далеко. Вечная проблема новостроек — отдаленность от транспорта. Но сегодня это Татьяну не раздражало, она радовалась солнцу, теплому весеннему дню и тому, что Ирочка наконец нашла себе кавалера и у нее стала налаживаться личная жизнь. Из-за того, что молодая женщина целиком посвятила себя домашнему хозяйству родственников, не имея в чужом городе ни поклонников, ни подруг, Татьяна чувствовала себя неуютно и неловко.

Она доехала до станции «Лубянка» и пошла по Мясницкой в сторону Садового кольца. Вот и дом, где жила, вела прием клиентов и была убита колдунья Инесса, она же Инна Пашкова. На двери металлическая панель с кнопками, когда-то в прошлом бывшая домофоном, но давно уже сломанная. Татьяна толком не знала, зачем пришла сюда. Войдя в подъезд, она стала бессмысленно разглядывать почтовые ящики и наткнулась глазами на прилепленное скотчем к стене объявление, написанное от руки: «Кто потерял ключи, обратитесь в кв. 14».

«Вот в эту квартиру я и пойду, — подумала она. — Если человек не просто поднял валяющиеся на полу ключи, не бросил их тут же, возле почтовых ящиков, а забрал домой и потрудился повесить объявление, чтобы они не пропали окончательно, то с этим человеком можно иметь дело. Он не настолько равнодушен к окружающим, как большинство из нас, городских жителей, а стало быть, есть надежда, что он хоть что-то знает о своих соседях».

Дверь квартиры 14 открыла пожилая женщина с добрым круглым лицом. До

Татьяны долетали звонкие детские голоса, очевидно, хозяйка была бабушкой, с которой оставляли маленьких внуков.

— Вам кого? — подозрительно нахмурясь, спросила женщина.

— Я насчет ключей.

— Наконец-то! А то лежат они у меня, лежат, и никто их не спрашивает. Вот они.

Женщина заулыбалась и протянула Татьяне два ключа на колечке с брелоком.

— Ваши?

— Извините, — сказала Татьяна, забирая ключи, — я не совсем точно выразилась. Меня действительно интересуют эти ключи, но они не мои.

— Так! — Женщина вмиг посуровела. — Ну-ка дайте-ка их сюда. Давайте, давайте, нечего на меня смотреть. Ходят тут всякие, а потом у людей квартиры обчищают. Такая приличная женщина с виду, а туда же. И как только не стыдно! Отдайте ключи немедленно, а то в милицию заявлю.

— Не надо, я сама из милиции. Вот мое удостоверение. Я занимаюсь убийством вашей соседки.

— Ох!

Женщина испуганно отступила назад в прихожую и приложила ладонь ко рту.

— Ох, простите, ради Бога, простите! Что же это я, старая, говорю. Вы не обиделись?

— Нет, что вы. Если бы все были такими бдительными, как вы, у нас хлопот было бы меньше. Как вас зовут?

— Полина Петровна.

— А меня — Татьяна Григорьевна. Полина Петровна, мы можем немножко поговорить?

— Конечно, конечно, проходите, пожалуйста. А что, убийство так и не раскрыли до сих пор?

— К сожалению, нет.

Вслед за хозяйкой Татьяна прошла в просторную комнату. Квартира у Полины Петровны была в точности такая же, как у Инессы, однокомнатная, но очень большая. Двое ребятишек лет пяти носились вокруг стоящего в центре круглого стола с визгом и воплями. Сначала Татьяне показалось, что у нее галлюцинации, но потом она сообразила, что малыши — двойняшки, к тому же совершенно одинаково одетые.

— Витя, Вова, а ну-ка быстренько на кухню, там молоко и печенье приготовлено. И не визжать. Нам с тетей поговорить надо, — скомандовала Полина Петровна.

Мальчики тут же послушно умолкли и исчезли из поля зрения.

— Ловко вы с ними управляетесь, — заметила Татьяна. — Редко бывает, когда внуки с первого слова слушаются бабушек.

— Так это уж правнуки, — Полина Петровна улыбнулась счастливой улыбкой. — Потому и слушаются, что я в свое время на внуках натренировалась. Внуки-то меня, как и всех бабушек, не слушались, балованные росли, но я все свои ошибки учла. И с правнуками у меня разговор уже совсем другой получился. Вообще-то они хорошие, они и родителей слушаются, не только меня. Знаете пословицу: первый ребенок — последняя кукла, а первый внук — первый ребенок. Вот и со мной так же. Пока детей растила — ничему не научилась, молодая была, глупая. Только когда внуки появились, начала их воспитывать, но, сами понимаете, неправильно. С первого-то раза ничего не получается правильно. А когда правнуки родились, вот тут у меня уже и опыт был, и ума прибавилось. Вы присаживайтесь, вам, наверное, тяжело стоять. Сколько месяцев у вас?

— Скоро семь.

— И чего ж вы все работаете, — завздыхала хозяйка, — не жалеете себя. Ладно бы еще работа была приятная да легкая, а то ведь с убийцами и ворами дело имеете. Не страшно?

— Нет, — честно призналась Татьяна. — Но противно. Тут вы правы. Для будущих мам такая работа не полезна. Но ничего не попишешь. Полина Петровна, вы знали Инну?

— Так кто ж ее не знал? Весь дом знал. Как же, колдунья, к ней народ толпами ходил.

— А вы сами ходили?

— Нет, спаси Господь! — Полина Петровна взмахнула руками, словно открещиваясь от нечистой силы.

— Почему? В колдовство не верите?

— Не верю, — твердо ответила хозяйка. — Я, Татьяна Григорьевна, выросла в семье убежденных коммунистов, в церковь никогда не ходила и в Бога не верила. А раз Бога нет, то и дьявола, по моим понятиям, тоже нет. Не верю я в эти сказки. В коммунизм верила свято, а в колдовство — нет. А сами вы неужто верите?

— Да нет, — засмеялась Татьяна, — я тоже не верю. Но ведь вы сами сказали, что к Инессе толпами люди ходили, не могут же все они быть не правы. Наверное, что-то все-таки есть. Может, и не колдовство, а другое что-нибудь. А в квартире у Инессы вы бывали?

— Один раз только, когда еще не знала, что она этим делом промышляет. Зашла по-соседски, когда Инна только-только переехала. Мы в то время всем подъездом собирались домофон ставить, чтобы всякая шантрапа по лестнице не ошивалась, вот я и зашла сказать, что надо деньги сдать. Она деньги дала, зайти не пригласила, а я и не напрашивалась.

— И больше не заходили?

— Нет.

— Как вам показалось, у нее в квартире было уютно?

— Да какой там уют! Вещи кругом свалены в кучи, не пойми — не разбери. Я ж говорю, она только-только переехала. Нелюдимая она была, если встретишь ее на лестнице или возле подъезда — никогда не поздоровается, посмотрит так, будто сквозь тебя видит, и дальше идет.

«Сквозь тебя видит». Теперь Татьяна вспомнила отчет оперативников о поквартирном обходе дома, где жила Пашкова. Хозяйка квартиры номер 14 не сказала ничего нового по сравнению с другими опрошенными, но употребила это выражение: сквозь тебя видит. Все жильцы дома знали, что их соседка Инесса именует себя колдуньей, но услугами ее не пользовались и близко знакомы с ней не были. Собственно, и не близко — тоже не были, просто знали ее в лицо, а некоторые — по имени. Ни у кого не было с ней общих знакомых, никто не бывал у нее в гостях.

— Полина Петровна, где вы нашли эти ключи? — спросила Татьяна.

— Ключи-то? — удивленно переспросила хозяйка, не понимая, чем вызван такой резкий переход от одной темы к другой. — Кстати, ключи-то вы мне отдайте, раз они не ваши. Может, владелец и объявится еще.

— Не объявится. Так где вы их нашли?

— Да возле подъезда валялись. Знаете, их, наверное, обронили, когда еще снег лежал, а потом он стаял, и я их увидела. Грязные, мокрые такие... Вот что-то никто не идет за ними. Я ведь и в соседних домах объявление повесила, думала, может, хозяин не в нашем доме живет, а потерял, когда мимо нашего подъезда проходил. А почему вы думаете, что за ними никто не придет?

— Потому что это ключи Инессы.

— Да вы что?!

На лице у Полины Петровны отразилась смесь ужаса и отвращения, словно сам факт прикосновения к ключам убитой женщины был равен прикосновению к окровавленному трупу.

— Ой, Господи, — запричитала она, — это ж я вещь колдуньи-покойницы в своем доме хранила! Ой, батюшки! Как бы беды не было.

Татьяне стало смешно. Только что эта славная, добродушная женщина твердо заявляла о своем непоколебимом атеизме и о неверии во всякие таинственные силы, а сама так по-детски испугалась, узнав о ключах колдуньи.

— Не будет беды, Полина Петровна, не переживайте. Вы же не знали, чьи они, — успокоила ее Татьяна. — А я их заберу, и все будет в порядке. Скажите мне точно, когда вы их нашли.

— Да где-то... — Полина Петровна задумалась, наморщив лоб. — Где-то в начале апреля, кажется. Да, в начале апреля, снег-то как раз сошел.

Значит, в начале апреля. Понятно,

почему оперативники ничего об этом не знали. Поквартирный обход проводился сразу после обнаружения трупа Инессы, а это было намного раньше, чем сошел снег.

— Сможете показать, где именно они лежали?

— Конечно, я помню. Сразу из подъезда направо, возле урны. Да нет, я и в самом деле лучше покажу. Витя, Вова! — крикнула она.

Тут же в дверном проеме появились две мордашки, по уши перепачканные шоколадом, которым, вероятно, было облито печенье.

— Что, баба? — хором произнесли двойняшки.

— Я сейчас выйду вместе с тетей ровно на десять минут. Без меня не бояться и не хулиганить. Вопросы есть?

— Не-ет! — так же хором ответили пацаны.

Полина Петровна накинула на плечи шаль и открыла входную дверь.

— Пойдемте, — сказала она Татьяне.

Вместе они спустились вниз. Выйдя из подъезда, Полина Петровна пошла направо и метра через три остановилась.

— Вот здесь у нас урна стояла, и кому понадобилось ее убирать? Кому она мешала? Сколько я в этом доме живу, столько урна здесь была, а теперь как Москву начали к юбилею в порядок приводить, так урна исчезла. Ведь наоборот должно быть, я так считаю: если порядок наводить, так надо через каждые десять метров по урне поставить, верно? Чтобы любой человек, если надо что-то выбросить, сразу видел, куда. А то ведь что получается? Ребятишки мороженое съели, а бумажку грязную в карман, что ли, запихивать? Конечно, бросают прямо на тротуар, потому что больше некуда. А потом удивляемся, что город у нас грязный.

— И давно урну убрали? — поинтересовалась Татьяна, разглядывая место, которое показала ей Полина Петровна.

— Да нет, недели две, наверное. Когда я ключи нашла, она еще стояла.

— Хорошо, Полина Петровна, спасибо вам. Вы возвращайтесь домой, у вас же малыши безнадзорные остались, как бы не натворили чего.

— Эти-то? — усмехнулась женщина. — Эти не натворят. Вот внуки были — это да, та еще песня, ни на секунду оставить нельзя было, обязательно что-нибудь разобьют или сломают. А эти у меня вышколенные, я им бегать и возиться разрешаю сколько угодно, но они накрепко усвоили: если баба Поля сказала, что нельзя — значит, нельзя. И пикнуть не посмеют. Я пока внуков растила, самое главное правило поняла.

— И какое же? — с интересом спросила Татьяна. Эта женщина с каждой минутой нравилась ей все больше и больше.

— Надо с младенчества приучать ребенка к тому, что есть слово «можно» и есть слово «нельзя». И эти слова — святые. Сказано, что можно играть и шуметь — играйте сколько влезет, бегайте где хотите, я вам слова не скажу. Но если я сказала «нельзя», значит, все, никаких поблажек и исключений. Если нельзя садиться за стол с немытыми руками, то всем нельзя, и их родителям, и бабушкам с дедушками, и мне, прабабке. Как только ребенок хоть один раз увидит, что всем нельзя, а кому-то можно, — всё, считай, дело пропало. Больше он ни одного твоего слова не усвоит.

Попрощавшись с Полиной Петровной, Татьяна двинулась в сторону метро, обдумывая то, что произошло. Ключи Пашковой она узнала сразу, ей даже не нужно было подходить к ее квартире и проверять, подойдут ли они к замку. Ключи были очень приметные: у Пашковой стояли две стальные двери с сейфовыми замками итальянского производства. И обе они были заперты, когда по вызову соседей приехала милиция. Точнее, не заперты на четыре оборота ключа, а просто захлопнуты. Убийце не нужны были ключи, чтобы закрыть за собой двери. Но они были нужны, чтобы войти в квартиру.

Нет, что-то не так... Убийца каким-то хитрым способом умудряется сделать копии с ключей Пашковой, чтобы беспрепятственно проникнуть в квартиру с целью совершения убийства хозяйки. Или с целью совершения кражи, например, которая ввиду непредвиденного присутствия Инессы дома превратилась в разбойное нападение и убийство. Допустим. Будет ли в таком случае преступник вешать эти ключи на кольцо с брелоком? Не будет. Это полная глупость.

Другой вариант. Преступник проникает в квартиру, истязает и пытает хозяйку, а уходя, прихватывает с собой второй комплект хозяйских ключей, которые выбрасывает, едва выйдя из подъезда. А зачем он вообще их брал? Тоже глупость.

Третий вариант. У преступника не было ключей, Пашкова сама впустила его в квартиру. Далее — как в варианте номер два. Забирает вторые ключи и выбрасывает их. Но зачем? Зачем?

То, что ключи именно вторые, а не первые, сомнений не вызывает, потому что точно такой же комплект из двух ключей от сейфовых замков на кольце с брелоком лежал в прихожей на полочке рядом с входной дверью. Разница была только в том, что брелок был другим и в комплекте Пашковой наличествовал ключик от почтового ящика. Так что первым, основным комплектом был именно тот, который обнаружили в квартире. Там же, на полочке, лежали ключи от машины Инессы и от гаража, стало быть, это было место привычного хранения ключей, которыми Пашкова пользовалась постоянно.

Что же за хитрость такая с этими вторыми ключами? Кто их взял и зачем выбросил?

ГЛАВА 16

Нет, все-таки жизнь прекрасна! Черт возьми, она прекрасна и удивительна! Особенно когда знаешь, что не придется через минуту умереть. Я даже к Вике стал относиться более терпимо. Она, кажется, воспряла духом, поняв, что можно получить желаемое, не пачкая руки в крови. Во всяком случае, теперь она ведет себя со мной куда более дружелюбно и уже не повторяет через каждые пять минут, что я сошел с ума.

— Где ты будешь жить? — спрашивает она меня ежедневно, как будто я могу дать не тот ответ, что давал накануне.

— Не беспокойся обо мне, на улице я не останусь, — отвечаю я всякий раз одно и то же.

— Ты переедешь к ней? — спрашивает она снова, подразумевая выдуманную мною женщину, которая ждет от меня ребенка и ради которой я развелся.

— Возможно, — уклончиво говорю я.

— И ты твердо решил все оставить мне и не делить имущество?

— Да, да, да! Сколько раз нужно повторять одно и то же, чтобы ты наконец это усвоила!

— Некрасиво, наверное, садиться на шею женщине, жить на ее площади и тратить ее деньги, — задумчиво произносит Вика.

Это выводит меня из себя. А ее хахаль, интересно, как собирается поступить? Красиво, что ли? Чем он отличается от меня, хотел бы я знать? Тоже хочет переехать на Викину (и мою заодно) жилплощадь, ездить на ее (и, между прочим, моей) машине и тратить деньги, которые я заработал за последние два года. Так что же она из себя строит образец нравственности!

Но вспыхиваю я только в душе, и негодование тут же гаснет под прохладными струями радости оттого, что я жив и в ближайшее время не умру. Я так счастлив, что готов всем прощать. И в душе благодарен Вике за то, что она не спрашивает: когда же я съеду с квартиры и предоставлю ей свободу трахаться со своим сельским Ромео. Она проявляет чудеса деликатности и ни единым словом, ни единым жестом не дает мне понять, что ей не терпится от меня освободиться. Съезжать мне пока некуда, Лутов сказал, что принять меня в центр они смогут только тогда, когда я закончу все дела с опекунством и уйду из телепрограммы. Вике я наплел что-то невнятное насчет временных трудностей, дескать, сейчас у моей возлюбленной гостят многочисленные родственники, и мне там просто нет места. Вика приняла это как должное, молча кивнула и больше вопросов не задавала. Более того, она продолжала готовить мне еду и мыть посуду, покорная и покладистая, как Золушка. Еще бы, чуть не угробила меня из-за своей неземной страсти, теперь, наверное, мучается угрызениями совести. Ничего, пусть помучается. Я свое отмучился, теперь ее очередь.

Лутов помогает мне побыстрее оформить документы по опекунству над матерью. Собственно, помощь его заключается лишь в том, что все делается не в порядке живой очереди, а быстро. Все остальное происходит своим чередом, ибо основания для признания матери недееспособной очевидны всем и каждому. Правда, одна ушлая чиновница все-таки спросила меня, криво ухмыляясь:

— Значит, вы хотите продать квартиру матери, а ее саму пристроить в дом инвалидов?

— С чего вы взяли? Я хочу, чтобы за ней был надлежащий уход. Она будет жить в своей квартире, но у меня должно быть право распоряжаться этой квартирой, чтобы заинтересовать тех, кто будет за ней ухаживать.

Чиновница мне, кажется, не поверила, но меня это совершенно не волновало. Пусть думает, что хочет. Я ведь действительно не собираюсь оставлять мать без крыши над головой. Я только хочу, чтобы у меня были развязаны руки, чтобы я мог жить где мне нравится, ездить куда мне нужно, и заниматься тем, чем мне хочется, не думая каждые три минуты о том, что надо хотя бы через день навещать сумасшедшую старуху.

Продюсерская компания, которая производила программу «Лицо без грима» и еще несколько других программ, выразила сожаление по поводу моего скорого ухода и уже подыскивает человека, который будет вместо меня ведущим «Лица». Честно сказать, эта программа мне опротивела донельзя. Мне и раньше-то было не по себе, когда Витя Андреев нагло вымогал деньги у спонсоров и покровителей наших гостей, но получаемые в результате этого суммы были столь велики, что неловкость быстро умолкала. Витя был шустрый малый и не гнушался ничем, вплоть до шантажа. И где только он добывал информацию, при помощи которой вытягивал из людей деньги — ума не приложу. А теперь, когда приходится унижать людей, чтобы сделать программу скандальной и продать ее подороже, мне совсем тошно. Особенно неприятный осадок остался после эфира с писательницей Томилиной. Собственно, осадок появился не сразу, а когда я прочитал в газете статью о передаче. Ведь то, что происходило в эфире, было прямым продолжением нашей беседы во время знакомства, я спровоцировал ее, и она разговаривала со мной, совершенно не думая о том, что люди, не слышавшие начала беседы, поймут ее совсем иначе. Вот и резвая журналистка Хайкина истолковала слова Томилиной абсолютно превратно, все поставила с ног на голову, все исказила. Я вел себя некорректно по отношению к гостье, и она ставила меня на место, чего я и заслужил. Как можно было из этого сделать вывод, что Томилина всех поучает? Во-первых, не всех, а меня, Александра Уланова, а во-вторых, все, что она говорила, было справедливым и правильным, а мои вопросы и реплики — вызывающе глупыми и бестактными. Я бы еще понял, если бы Хайкина написала материал в таком ключе, что, дескать, Уланов довыпендривался и нашелся наконец человек, который смог публично его осадить. Это было бы по крайней мере справедливо, потому что я сам именно так и воспринимал ситуацию. Но то, что написала Хайкина, было чудовищным по своей глупости и неприличным по тону и стилю. И я чувствовал себя виноватым перед Томилиной. Ей-то за что досталось? Неужели только за то, что она сказала насчет экранизации? Но об этом ее просил Дорогань, он и меня предупредил. Собственно, за эти самые слова он и заплатил деньги. Мне, а не ей. Так что бедная писательница вообще пострадала безвинно.

Но слава Богу, эта омерзительная эпопея с публичным насильственным раздеванием гостей заканчивается. Лутов уже просил, чтобы я подумал над концепцией той передачи, которую буду делать для кризисного центра. Это будет моя программа, мое детище, я сделаю ее такой, как мне самому хочется, не думая о деньгах. Есть ли большее счастье для творческой личности, чем возможность самовыражаться, не считая при этом копейки, не заглядывая просительно и униженно в глаза сытым богатеньким спонсорам и не наступая себе на горло, чтобы сделать это «самовыражение» более прибыльным!

Вика по поводу статьи Хайкиной выразилась неожиданно резко. Она, как выяснилось, видела передачу, более того, являлась поклонницей Томилиной, что оказалось для меня новостью. Я и не знал, что моя жена любит детективы.

Правда, Вика призналась, что книги Томилиной она стала читать совсем недавно, месяца два назад, и я понял, что это скорее всего вкус не Викин, а ее любовника. Немудрено, что я об этом не знал.

— Саша, ты должен позвонить Томилиной и извиниться перед ней, — заявила моя бывшая супруга.

— За что? Разве статью написал я?

— Ты вел себя так, что дал повод написать этот мерзкий пасквиль. Тебе нужен был скандальчик — ты его получил. Ты что же думаешь, что я слепая и ничего не вижу? С тех пор, как погибли Витя и Оксана, тебя как подменили. Я думала, это их смерть так на тебя подействовала, но теперь-то я понимаю, что ты просто не мог разобраться со своей личной жизнью. Ладно, это твои проблемы, но при чем тут люди, которых ты приглашаешь на передачу? Почему они-то должны страдать из-за того, что у тебя в душе смута? Ты завел себе любовницу, она ждет от тебя ребенка, ты собираешься разводиться со мной — а в результате достойная и талантливая женщина получает такой плевок в лицо. Неужели тебе не стыдно?

— Нет, мне не стыдно, — спокойно

ответил я, хотя при этом, конечно, врал. Мне было стыдно, и еще как!

Этот разговор состоялся поздно вечером. Я пришел домой (интересно, сколько еще времени я буду называть эту квартиру своим домом? Наверное, недолго), так вот, я пришел домой около десяти часов, Вика явилась почти в одиннадцать и сразу завелась насчет статьи. Я понял, что она чем-то раздражена и пытается сорвать злость на мне. «Наверное, милый оказался не на высоте», — злорадно подумал я.

Заявив Вике, что мне совершенно не стыдно, я демонстративно начал раскладывать стоящий в гостиной диван, на котором спал после развода. Но Вика не захотела понимать мой более чем прозрачный намек на усталость и желание остаться одному.

— Саша, я понимаю, ты больше меня не любишь, но это не означает, что ты должен отвергать каждое сказанное мной слово. Давай поговорим спокойно, — предложила она.

Я разложил диван и с размаху плюхнулся на него, раскинув в стороны руки и ноги.

— Ну давай, вещай, прорицательница, — снисходительно разрешил я.

Вика проглотила оскорбление, не моргнув глазом. Да, великая вещь — чувство вины! Что с людьми делает, а?

— Я знаю, как вы делали деньги раньше, — сказала Вика очень спокойно. — Я все знаю, Саша. Мне Оксана рассказывала.

Я мгновенно сел, весь подобравшись, словно перед лицом опасности. Она что, шантажировать меня собралась? Очень интересно.

— Я никогда не призналась бы тебе, что знаю об этом, если бы ты не развелся со мной. Ты поступал мерзко, но я очень тебя любила и не хотела, чтобы тебе было стыдно передо мной. Ты думал, что я ничего не знаю, и так было лучше. Потому что если бы ты понимал, что я все знаю, но продолжаю тебя любить, ты бы, наверное, перестал меня уважать. Это сложно, Саша... Я дорожила твоим отношением, я дорожила нашей любовью и поэтому молчала. Я не могла перестать тебя любить, и была противна сама себе, но все равно любила. В конце концов, все как-то делают деньги, потому что всем надо жить, а ты по крайней мере никого не убиваешь и не обкрадываешь. Я закрыла на все глаза. Когда ребята погибли и ты резко изменил тональность передачи, я поняла, что с этой грязью покончено, ты теперь зарабатываешь на скандалах, что не менее противно. Началась другая грязь. Но я готова была мириться и с этим, потому что люблю тебя. Ты следишь за моей мыслью?

— С трудом, — сквозь зубы процедил я, ошалев от такого неприкрытого цинизма. Она меня любила, она меня до сих пор любит, она хотела закрыть глаза на все, что мешает нашей любви, а сама в это время укладывается в постель с любовником и нанимает убийцу, чтобы избавиться от меня и бросить к ногам своего нового мужа все эти «грязные деньги» и все, что на них куплено! Да как у нее язык поворачивается! Неужели я так плохо знал свою жену?

— Повторяю, чтобы тебе легче было понимать меня, — сказала она тоном терпеливой учительницы, объясняющей двоечнику теорему Пифагора. — Я знаю, что все средства массовой информации работают ради денег, а не ради информации. Но пока это касалось телевидения и тебя, Александра Уланова, я терпела, потому что люблю тебя. А журналистку Хайкину я не люблю, я ее не знаю, она мне никто. И я хочу, чтобы ты мне ответил: зачем она это написала?

Я пожал плечами.

— Не вижу связи между первым тезисом и вторым. Откуда я знаю, зачем она это написала? Захотела — и написала, вот и все. Может, ей Томилина не нравится.

— Саша, не прикидывайся идиотом, — сердито сказала Вика. — Ты же прекрасно понимаешь, что Хайкиной заплатили за этот текст. Ты знаешь, кто это сделал?

— Да перестань ты выдумывать! — взорвался я. — Никто никому не платил, просто любой газете нужен оскорбительный материальчик, потому что народ обожает его читать. Газета должна хорошо продаваться, и ради этой цели в ход идут любые средства. Кто такая Томилина, чтобы платить за материал о ней? Обыкновенная писательница, каких сотни и тысячи.

— Но ни об одном из твоих гостей таких публикаций не было. Ты прав, кто такая Томилина в ряду остальных? У тебя на передаче были и бизнесмены, и кинодеятели, и врачи, и политики — кого только не было, и выглядели они на экране далеко не лучшим образом, в отличие от Томилиной, но почему-то гадости написали именно о ней. Почему, Саша? Я хочу знать, в чем тут дело.

— Почему? Да потому, что всегда под рукой были другие поводы написать язвительную статью, а сейчас случилось затишье, кинулись искать по сусекам, кого бы грязью полить в завтрашнем номере, а тут «Лицо без грима» на глаза попалось. И вообще я не понимаю, почему ты так близко к сердцу это принимаешь. Ты что, знакома с Томилиной? Чего ты завелась на ночь глядя?

— Потому что я знаю, что никакой журналистки Хайкиной нет. Нет ее, понимаешь? Это миф. И я хочу знать, почему кто-то, оскорбляя в прессе моего мужа, прячется за псевдоним. Саша, я боюсь.

— Я уже не твой муж, — брякнул я первое, что пришло в голову.

Но Вику эта реплика не смутила. Она упорно шла к цели, которую видела перед собой. Однако я, к сожалению, этой цели не видел, как ни силился разглядеть.

— Это не имеет значения. Мы прожили вместе много лет и продолжаем пока что жить под одной крышей. И когда у тебя начнутся неприятности, они коснутся и меня. Если сейчас в дверь позвонят и в квартиру ворвутся вооруженные головорезы, которые захотят свести с тобой счеты, они не станут разбираться, оформили мы развод или нет.

Я в изумлении воззрился на нее.

— Что ты несешь? Какие головорезы? Почему они должны врываться и сводить со мной счеты? Ты в своем уме, Виктория?

— Да! — заорала она. — Я в своем уме! А вот ты, по-моему, нет! Ты жил на деньги, которые вытягивал из людей Андреев, и что же ты надеешься, что все тебя за это безумно любят? Что все приняли это как должное и на все закрыли глаза, как я их закрывала? Я вообще не понимаю, почему ты до сих пор жив после всего этого. Я молчала, потому что любила тебя, а они, они-то почему молчали и не трогали тебя? Я каждый день с ужасом ждала, что с тобой что-нибудь случится. И я уверена, что Витю и Оксану убили из-за этого. А ты — следующий.

— Тише, тише, — успокаивающе произнес я, — все соседи тебя услышат. Сбавь тон. Хорошо, я — следующий. Дальше что? Каким боком ты сюда прицепила статью о Томилиной?

— А ты не понимаешь? — Вика заговорила тише, но все так же возбужденно. — Статья была не о Томилиной, а о тебе. По тебе там как следует прошлись и ноги вытерли, а Томилина — так, повод, ничего больше. Их основная мишень — ты. Попался им под руку хороший писатель — они и по нему проехались, а чего там, подумаешь, стерпит. Послушай теперь, что я по этому поводу думаю. Пока был жив Андреев, они вас не трогали, потому что у Виктора было против них какое-то оружие. Он умел с ними разговаривать, с каждым из них, иначе они не платили бы вам за программу. Каждый был чем-то замаран или чем-то ему обязан. Ты знаешь, что Андреев работал в КГБ и ФСБ?

— Нет, — растерянно ответил я.

Я действительно этого не знал. Ну надо же! А Вика-то откуда это знает?

— Работал. И на всех этих бизнесменов и предпринимателей у него была куча компромата. Они его боялись, поэтому платили и молчали. А теперь его нет в живых. И они хотят получить свои денежки обратно. Или стереть тебя с лица земли, сломать твою карьеру и жизнь. Саша, я подозреваю, что статья заказная, это начало акции против тебя. Вспомни, что там написано: передача умерла, я больше никогда не включу телевизор в привычное время, ведущий истощил все запасы интеллекта, ни один уважающий себя деятель не сочтет возможным участвовать в этом шабаше, а если кто и примет участие, то это человек, не достойный ни внимания, ни уважения, потому что все кругом куплено. И это только начало. Завтра появится еще какая-нибудь публикация, еще более резкая, послезавтра — еще одна. Я знаю этот механизм, каждая следующая статья будет все более грубой и безжалостной, потому что расчет идет на психологию толпы. Первый удар может быть совсем легким, даже незаметным, но если человек его пропускает и молча отступает, не давая сдачи, то обязательно следует еще один удар, потом еще и еще, и в избиение включаются все присутствующие, потому что действует мощный стадный инстинкт «на добивание». Уже никто не помнит, чем провинился человек и велика ли его вина, все думают только о сладости нанесения ударов и наслаждаются видом чужой боли и унижения. Возьми годовые подшивки газет и проследи развитие любого скандала, ты сам поймешь, как это происходит. Ты прав, Томилина тут действительно ни при чем. Но тебе должно быть стыдно, что из-за этой истории пострадал ни в чем не повинный человек.

— Мне не стыдно, — холодно сказал я, — мы, по-моему, этот вопрос уже прояснили. Чего ты добиваешься? Чтобы я позвонил Томилиной и извинился? У меня нет ее телефона.

— Как же ты с ней связывался?

— Через Дороганя. Он мне ее сосватал, он же и привез в студию. Чего еще ты от меня хочешь?

— Я хочу, чтобы ты не пропускал удар, пока не стало поздно. Делай же что-нибудь, Саша, я тебя умоляю!

Ее глаза налились слезами, губы задрожали.

— Я не хочу, чтобы тебя сломали и испортили тебе жизнь. Положа руку на сердце ты это заслужил, но я люблю тебя и не хочу, чтобы разразился скандал, который тебя угробит как тележурналиста. Ты вел нечестную игру, грязную, отвратительную, но ты талантливый человек, ты талантливый журналист, и будет несправедливо, если все это погибнет.

Я с трудом сдерживался, чтобы не сказать ей все, что думаю по этому поводу. И любит она меня, и талантливый я, и простить она меня готова за все мои игрища с грязными деньгами, и о моей карьере-то она заботится, невзирая на то, что я ухожу к другой женщине и готовлюсь стать отцом (якобы, ха-ха!). Но я твердо помнил: моя жена хотела меня убить, и если я дам ей понять, что знаю об этом, мне конец. Я до сих пор жив только лишь потому, что вовремя нашел возможность отступить, предоставив ей право распоряжаться всем имуществом и сделав вид, что хочу создать новую семью. Как только она поймет, что все это вранье, что я знаю о заказе, она меня все-таки убьет. Зачем оставлять в живых мину замедленного действия, которая может взорваться в любой момент? Поэтому я должен делать вид, что не знаю ни о киллере, ни о любовнике. И, хлопая ушами, как африканский слон, слушать Викины истерические выкрики о том, как она меня любит. Конечно, она была права, если не во всем, то во многом, я-то ни секунды не сомневался в том, что Витю и Оксану убили те, кто платил за передачи. У кого-то гонор взыграл. А может быть, еще какие-то причины были, но то, что взрывное устройство в Витину машину подложили именно «спонсоры», было для меня несомненно. И статья Хайкиной тоже была направлена против меня, а бедная беременная толстуха Томилина случайно попала под каток. Дальше все будет развиваться по той схеме, о которой мне только что так красочно поведала моя бывшая супруга. Все правильно. Только меня это больше не волнует. Я не собираюсь оставаться на телевидении, поэтому пусть с моей репутацией делают что хотят, хоть режут на кусочки, хоть задницу ею подтирают. Я буду работать в центре у Лутова и заниматься совсем другими программами, которые будут покупать не только российские каналы, но и телевидение во всем мире.

— И каких же действий, позволь спросить, ты от меня ожидаешь? — насмешливо поинтересовался я, снова вытягиваясь в горизонтальном положении. — Кстати, откуда тебе известно, что никакой Хайкиной не существует?

— Я узнавала. Ты, вероятно, забыл, что мы с тобой вместе учились на факультете журналистики, и у меня среди газетчиков знакомых не меньше, чем у тебя. В редакции этой газеты журналистки с такой фамилией нет. Более того, это имя не является хорошо известным псевдонимом. Очень часто журналисты материалы по одной проблеме дают под настоящей фамилией, а по другим проблемам или в других изданиях публикуются под псевдонимами, но в принципе из этого никто секрета не делает и все обычно знают, чей это псевдоним. А в случае с Хайкиной никто ничего не знает. Или знают, но не говорят. И это означает, что дело тут нечисто.

Я не мог не согласиться с ней. Журналисты обожают кичиться тем, что посмели поднять руку на кого-то, и никогда не скрывают авторства скандальных материалов, напротив, всячески его подчеркивают: вот какой я смелый, бесстрашный и принципиальный, смотрите на меня! Если же человек пишет такой материал, но при этом скрывает свое имя, это уже попахивает «заказухой», к тому же хорошо оплаченной.

Вике надоело стоять надо мной в позе оскорбленной невинности, она присела на краешек дивана рядом со мной, обхватила руками колени и тяжело вздохнула. Через прозрачную ткань блузки мне было видно, что бретелька бюстгальтера у нее съехала с плеча, и от этого Вика, изменявшая мне с провинциальным красавчиком, казалась еще более противной. Я уже с трудом выносил ее присутствие, особенно такое близкое, и отодвинулся подальше.

— Вика, я хочу спать. И я не собираюсь ничего предпринимать в связи со статьей. Пойми это раз и навсегда и оставь меня в покое.

Она долго молча смотрела на меня, и глаза у нее были такими же, как когда-то давно, когда мы ссорились, и виноватым был я. Она в таких случаях глядела на меня с немым укором и выражением безграничной нежности и сочувствия, потому что знала, что я сознаю свою неправоту, но никогда не наберусь мужества в ней признаться. Я раньше всегда бывал благодарен ей за это сочувствие, потому что Вика принимала меня таким, каким я был, и не добивалась от меня покаянных речей. Она просто знала, что я все понимаю, но ни за что не скажу нужных слов и не попрошу прощения. Однако сейчас мне ее сочувствие не было нужно. Она нашла себе другого, она хотела убить меня, чтобы не делить деньги, и я отрезал Вику от своего сердца, как отрезают от куска сыра заплесневелый край. Мне было больно, но я это сделал.

Не дождавшись от меня больше ничего, она встала и ушла в спальню.

* * *

Следователь, которому Татьяна Образцова передала неоконченные дела, ничего не имел против того, что где-то в сейфе у нее завалялся не приобщенный к делу протокол. Протокол допроса свидетеля и изъятия ключей был оформлен задним числом, когда Татьяна еще числилась «при исполнении». Конечно, это был подлог, но вполне невинный.

— Ага, давай, — сказал он, протягивая руку и не глядя на Татьяну, потому что в этот момент ему позвонили по телефону.

Она терпеливо дождалась, пока коллега закончит выяснять, когда же наконец будет готово заключение экспертов по фальшивым стодолларовым купюрам. Разговаривать с этим следователем ей было легко, потому что был он мужиком незатейливым, со всеми сразу переходил на «ты», а его круглое чернобровое лицо излучало такое простодушие и дружелюбие, что как-то не хотелось обижаться на панибратство.

— Ваня, ничего, если я немножко покопаюсь со своими бывшими делами? — осторожно спросила Татьяна.

Она поставила себя на его место и поняла, что сама, конечно, возражала бы. У дела не должно быть двух хозяев, иначе потом концов не соберешь. Но Иван придерживался, судя по всему, иного мнения, потому что весело улыбнулся и подмигнул.

— Валяй. Как чего накопаешь — неси в клювике. Чего тебе дома-то не сидится, Образцова? Скучаешь?

— Скучаю. Делать нечего. Да и привыкла. Знаешь, незаконченное дело как зуд, покоя не дает. И идеи кое-какие появились.

— По всем делам?

— Нет, по убийству Пашковой.

— Ах, колдунья... — протянул Иван. — Да, тоска зеленая. Небось наворожила кому-то что-нибудь не то, вот с ней и посчитались. Ищи теперь этого народного мстителя.

— Тогда я возьму записи, которые были изъяты на месте убийства, ладно?

— Что за записи? — спросил Иван, и Татьяна поняла, что он уже успел основательно забыть все, что она ему говорила при передаче дел.

— Записи, которые Пашкова вела о своих клиентах. Что-то вроде истории болезни на каждого.

— А, эти, бери, конечно.

Иван достал из сейфа конверт с материалами и протянул ей.

— Работай, труженица. Когда книжка новая выйдет?

— Ой, не знаю, — она покачала головой. — Ее еще дописать надо.

— Много осталось?

— Почти половина.

— Так что же ты дурака валяешь? Книжку бы лучше писала, а не в трупах разбиралась. Мне жена всю плешь проела, что ей читать нечего. Спроси, говорит, у Томилиной, когда что-нибудь новенькое появится.

— А она меня читает?

— Еще как! Запоем. Как купит твой новый роман, так все хозяйство побоку, муж и сын голодные, пол не метен. Когда узнал, что ты приходишь к нам работать, все собирался тебе нарекание высказать, дескать, подрываешь супружескую жизнь.

— Отчего же не высказал? — улыбнулась Татьяна.

— Вот, высказываю. А вообще ты, Танька, молодец. И на хрена ты тут корячишься, хотел бы я знать? Сидела бы дома и книжки писала. И тебе удовольствие, и людям радость.

— Не знаю, Ваня. Когда столько лет ходишь в погонах, не так просто их разом взять и снять. Страшно.

— Да тебе-то чего бояться? У тебя муж, говорят, огромные деньги зашибает.

— Врут, Ваня. Деньги хорошие, но не

огромные. Все, что было, угрохали на переезд и на ремонт.

Выйдя на улицу, она хотела было взять такси, чтобы доехать до дома, но передумала и пошла в метро. Нечего деньги почем зря тратить, новая книга еще не дописана и неизвестно, когда она сможет ее закончить, а семейный бюджет — штука не безразмерная. В конце концов, не очень-то она и устала.

Пересаживаясь на свою ветку и идя по длинному подземному переходу, она в очередной раз отметила огромное количество нищих и калек, просящих милостыню. Татьяна никогда не подавала милостыню, и вовсе не из жадности, а из инстинктивной боязни быть обманутой. Она слишком хорошо знала, в какие группы и бригады на самом деле организованы такие вот «нищие». И женщина, стоящая в позе молчаливой скорби с картонной табличкой в руках, извещающей прохожих, что ей не на что похоронить дочь, не вызывала у Татьяны сочувствия уже по одному тому, что женщину эту она видела по крайней мере на четырех разных станциях в течение двух месяцев. Что же она, два месяца тело из морга не забирала? Что-то слабо верится.

Очередная нищенка, сидящая на полу

в окружении троих чумазых ребятишек, протянула ей руку. Татьяна молча прошла мимо, но в этот момент откуда-то из-за спины раздался визгливый голос:

— Как не стыдно! Такие деньжищи гребет, а нищим детям копейку пожалела! Смотрите, люди добрые, на эту писательницу! Во отъелась на своих гонорарах, глаза жиром заплыли, а на прокорм детишек малолетних денег не дает! Стыдоба!

Татьяна в изумлении обернулась и увидела тетку лет пятидесяти, худую, с испитым морщинистым лицом и бешено сверкающими глазами. Тетка тыкала в Татьяну трясущимся пальцем, привлекая внимание спешащих мимо людей. Народ стал оглядываться на них.

— Чего глядишь? — не унималась тетка, подходя вплотную к Татьяне. — Доставай кошелек и плати, если в тебе совесть есть. Небось по пятьдесят тысяч долларов-то получать — кошелек охотно открываешь, а как на детишек маленьких да голодных — так тебе жалко? У, бесстыжая корова!

Вокруг них стали останавливаться. Татьяна даже услышала краем уха чей-то шепот:

— Смотри, Томилина. Ну да, та самая, которая детективы пишет. Да точно, точно она, у нас на работе все ее читают, а там на всех книжках фотография. Надо же, неужели правда, что она такие деньги получает.

В воздухе явственно запахло скандалом.

— Товарищи, вызовите, пожалуйста, «Скорую помощь», — громко и четко произнесла Татьяна. — У женщины острое психическое расстройство, у нее галлюцинации. И не пускайте ее на платформу, а то под поезд попадет.

С этими словами она повернулась и спокойно пошла дальше. Сердце колотилось, дыхание останавливалось, ей хотелось присесть, но она шла по длинному переходу, изо всех сил стараясь справиться с собой. Сначала было просто противно. Ну, подумаешь, узнала ее какая-то сумасшедшая и разоралась в общественном месте. Всякое бывает. Но что за бред насчет пятидесяти тысяч долларов? Таких денег Татьяна сроду в руках не держала, только, может быть, когда продавала питерскую квартиру.

Ей довольно быстро удалось взять себя в руки и успокоиться. Ну что такого страшного произошло? Ничего. Ровным счетом ничего. Конечно, неприятно, когда тебя публично оскорбляют, громко называя жирной бесстыжей коровой на глазах у десятков людей, но это можно пережить.

Сердце все-таки начало болеть, и от метро до своего новостроечного дома Татьяне пришлось взять машину, чтобы не рисковать. Войдя в квартиру, она в первый момент удивилась тому, что не слышит Ирочкиного веселого голоса и не чувствует привычного запаха вкусной стряпни, но уже в следующую секунду вспомнила, что Ира на целый день убыла развлекаться со своим кавалером. Накапав себе валокордина, она прилегла на диван в гостиной в надежде немного вздремнуть, но сна не было. Минут через двадцать Татьяна встала, завернулась в теплый клетчатый плед и разложила на столе принесенные с собой записи колдуньи Инессы. У нее не было какой-то определенной цели, просто где-то в глубинах сознания шевелилась мысль: материалы — ключи. Мысль появилась по дороге от дома Пашковой до метро «Лубянка» и с тех пор не давала Татьяне покоя.

Около восьми вечера позвонил Стасов и предупредил, что придет не скоро.

— Ужинайте без меня, девочки, — сказал он, — а я смотаюсь к Лиле, чтобы она больше не плакала по всяким глупым поводам.

— Конечно, поезжай, — согласилась Татьяна. — Я тебя подожду с ужином.

— Ни в коем случае. Ты должна соблюдать режим питания. Скажи Ире, что я велел садиться за стол строго по расписанию.

— Ничего у тебя не выйдет, диктатор, — засмеялась она. — Иры нет, так что командовать некому.

— Как это нет? А где она?

— На свидании.

— С этим «Бентли-Континенталем»?

— С ним самым. Поезжай, Стасов, и ни о чем не беспокойся.

Ей предстоял долгий одинокий вечер, каких давно уже не случалось в ее жизни. Там, в Питере, у Ирины постоянно бывали какие-нибудь романы, и вечерами она частенько убегала то на свидание, то к подругам. Но с тех пор, как они переехали в Москву, Ира обычно сидела по вечерам дома. А если ее не было, то был Стасов.

Что ж, семейного ужина сегодня не получится, Стасова, наверное, покормит Маргарита, и он вернется сытым, Ира же поужинает в обществе своего «Бентли». Татьяна открыла холодильник, вытащила, в соответствии с данными утром указаниями родственницы, блинчики с творогом и банку сметаны. Поставив на огонь сковороду, она налила в ковшик топленого молока, которое очень любила, и отрезала большой кусок мягкого «Бородинского» хлеба. Ира еще велела, кажется, съесть салат из капусты, но это Татьяна решила проигнорировать. Капуста подождет до завтра.

Покончив с ужином, она вернулась к записям Пашковой. Читала их подряд, совершенно бесцельно, надеясь на то, что какое-то слово или фраза бросится в глаза. Не случайно ведь мысль «записи — ключи» появилась в голове, что-то в памяти сохранилось и подает сигнал.

За окном начало смеркаться, когда Татьяна нашла то, что искала. Записи Пашковой о человеке, по-видимому, художнике или скульпторе, который хотел избавиться от навязчивого образа сломанной руки. «Жалобы на то, что без этого образа произведение, на его взгляд, не выглядит законченным, а все критики в один голос утверждают, что он уже излишний, что это повтор. Р. и сам понимает, что повторяется, но не может испытать творческого удовлетворения, пока не воплотит образ. Первый сеанс —

общее знакомство и погружение до событий трехлетней давности. Результата нет. Второй сеанс — погружение примерно на 10 — 12 лет. Похоже, была суицидальная попытка, которую Р. отрицает. Третий сеанс — суицидальная попытка подтвердилась, но Р. по-прежнему ее отрицает. Пока не пойму, почему, двигаться дальше нельзя».

«Р.» в записях Пашковой означало «Рафаэль» — именно это имя дала она неведомому клиенту для «контакта с высшими силами», именно это имя стояло сверху на листе с записями.

Тяжело поднявшись с мягкого дивана и придерживая одной рукой плед, который так и норовил соскользнуть с плеч, Татьяна подошла к книжным полкам. Где-то здесь стоят книги по искусству и альбомы с репродукциями. Она точно помнила, что в этих альбомах видела картины, в которых присутствовал образ «сломанной руки». Поиски увенчались успехом. Вот они, репродукции картин художника Фролова. Да, смысл его жалоб теперь Татьяне понятен. Действительно, в каждой картине либо изломанная ветка дерева, либо безжизненно повисшая рука, либо цветы со сломанными стеблями. Хоть в мелочи, но пресловутый образ обязательно есть.

Значит, Фролов. Народный художник России, личность известная. И ходил к банальной колдунье? Что-то не вяжется. Хотя творческие личности — люди неординарные, богемные, и поступки их непредсказуемы. Ведь есть же модные художники и поэты, которые зарабатывают очень много, а носят не костюмы от Кардена, а старые, затертые джинсы и свитера с порванными локтями. И вовсе не от скупости, а потому что они «так самоощущаются».

Она посмотрела на часы — справки наводить уже поздно, одиннадцатый час. Ладно, Фролов никуда не денется до завтра. Аккуратно собрав разбросанные по столу записи в большой коричневый конверт, Татьяна достала толстую папку с рукописью недописанной книги. Пора браться за ум и работать над повестью. А она даже не помнит, что написано в начале. Надо все перечитать и садиться дописывать.

Стасов вернулся около полуночи, и был он непривычно молчаливым и притихшим.

— Как Лиля? — спросила Татьяна,

глядя, как он снимает костюм и вешает его в шкаф.

— Ничего.

— Больше не плачет?

— Плачет. Таня, мне нужно с тобой поговорить.

— Какие проблемы? — усмехнулась она. — Мы и так разговариваем. Ты хочешь сообщить мне что-то малоприятное?

— Ничего особенного. Понимаешь... Лиля просит, чтобы я в июне поехал с ней к морю. Я пытался ей объяснить, что не хочу тебя оставлять, что ты не очень хорошо себя чувствуешь, что тебе скоро рожать, но она твердит одно и то же: ты меня больше не любишь, ты теперь будешь любить того ребенка, которого родит тетя Таня. Она так плачет... Сердце разрывается.

— Так поезжай. Со мной ничего не случится, рожать я буду в конце июля или в начале августа, ты прекрасно можешь отдохнуть с Лилей месяца полтора. Стасов, не создавай проблем на ровном месте.

— Это еще не вся проблема.

— А что еще?

— Рита поедет с нами.

— Кто это придумал? — поинтересовалась Татьяна.

— Так хочет Лиля. Она очень просит, чтобы мы поехали все вместе.

— Прекрасно! Новая жена ждет ребенка, а муж едет отдыхать с бывшей супругой. Стасов, тебе самому не странно так ставить вопрос? Если ты поедешь с Лилей, я буду воспринимать это как должное, потому что Лиля — твоя дочь. Но, если ты при этом будешь проводить время с Маргаритой, я не уверена, что приду от этого в восторг.

Татьяна резко повернулась и вышла из комнаты, оставив Владислава одного. Через минуту он вышел к ней в коротком махровом халате.

— Танечка, ну пойми меня, ну не сердись, родная.

— Я не сержусь, — спокойно ответила она. — Лиля — твоя дочь, и ради ее душевного спокойствия можно приносить любые жертвы. Поезжай к морю, отдохни как следует. За мной Ира присмотрит.

— Нет, ты не так скажи. Я же вижу, что ты злишься. Ну Таня!

Она прижалась к нему, уткнувшись лицом в плечо, ласково поцеловала и погладила по затылку.

— Все, Стасов, вопрос решен. Ты поедешь с Лилей к морю. А будет ли при этом с вами Маргарита — значения не имеет. В конце концов, она мать Лили, а не только твоя бывшая жена.

— Дай слово, что ты не сердишься, — настаивал он.

— Я не сержусь. Выброс это из головы. Иди спать.

— А ты?

— Я буду ждать Иру. Все равно не усну, пока она не вернется.

— Не обидишься, если я лягу? Я действительно чертовски вымотался за день.

— Ложись. Есть не хочешь?

— Нет, Ритка накормила, я же у них весь вечер просидел.

Стасов ушел в спальню, а Татьяна снова устроилась в гостиной с рукописью. Она успела прочитать почти половину, когда в дверном замке робко заклацал ключ. Вернулась Ира. Лицо ее сияло, руки с трудом удерживали очередной букет, на этот раз еще более роскошный, нежели предыдущий.

— Таня, ты не спишь? — спросила она громким шепотом, заглядывая в гостиную.

— Нет, — так же шепотом ответила Татьяна. — Как погуляла?

— Таня, я выхожу замуж, — выпалила Ира.

Татьяна быстро встала с дивана, по-прежнему кутаясь в плед, схватила родственницу за руку и потащила ее на кухню.

— Вот так, — сказала она вполголоса, плотно притворив дверь в спальню, чтобы не разбудить мужа. — А теперь излагай четко и последовательно.

Ира бросила букет на кухонный стол и забралась с ногами на мягкий угловой диванчик.

— Он сделал мне предложение. И я его приняла.

— Это славно, — улыбнулась Татьяна. — Может быть, нам уже пора с ним познакомиться? Кто он, чем занимается?

— Он президент банка, — сообщила Ирина и счастливо засмеялась. — Ты представляешь? Мне нужно было пережить сто двадцать пять неудачных романов с женатыми мужчинами и холостыми придурками, мне нужно было выплакать море слез и изгрызть сотню подушек, чтобы в конце концов найти прекрасного принца. Умного, красивого, богатого и разведенного. Господи, мне даже не верится, что это происходит со мной. Танюша, ты рада за меня?

— Конечно, родная. Если все так, как

ты говоришь, то ты это заслужила. А помнишь, как ты не хотела переезжать в Москву? Хороша бы ты была, если бы я тебя послушалась. И когда свадьба?

— Ой, пока точно неизвестно, но скоро. Мы хотим сначала съездить куда-нибудь за границу, к океану. Он предлагает в Америку, в Майами. Говорит, что там роскошные курорты. Ты без меня не соскучишься?

— Это смотря когда ты собираешься плавать в океане.

— Мы хотим уехать где-то в начале июня, если получится. Он сказал, что с визами и билетами проблем не будет, это очень дорогая поездка, и желающих не так много. У него самого мультивиза на пять лет, а его американские партнеры пришлют приглашение мне как его невесте. Ой, Тань, неужели так бывает?

— Бывает, как видишь. Я очень за тебя рада. Ты почему цветы бросила на стол? Поставь их в воду, жалко же, если завянут, они такие красивые.

Счастливо улыбаясь, Ирочка занялась цветами, а Татьяна с грустью думала о том, что скоро останется совсем одна. Стасов уедет с Лилей и Маргаритой к морю, Ира упорхнет на побережье Атлантики, а она останется в одиночестве, никому не нужная, наедине со своими страхами потерять ребенка еще до того, как он родится. Совсем одна в чужом городе, ни родных, ни друзей, и даже работы нет. Впрочем, это, наверное, и к лучшему, она сможет сосредоточиться и быстро дописать многострадальную книгу.

ГЛАВА 17

Рабочий день для Насти Каменской начался с неожиданности. Она была в кабинете Гордеева, кода раздался звонок. Виктор Алексеевич снял трубку, потом бросил быстрый взгляд на Настю.

— Да, она здесь, — сказал он невидимому собеседнику. — Кто? Уланова? Сейчас спрошу.

Он прикрыл микрофон ладонью и повернулся к ней.

— Ты Уланову ждешь?

— Нет, — удивленно ответила Настя. — Это какая Уланова?

— Виктория Уланова. Знаешь такую?

— Это, наверное, жена Уланова, — догадалась она. — Она что, пришла?

— Да, стоит в бюро пропусков и тебя домогается.

— Пусть выпишут пропуск, я за ней схожу.

Настя пошла вниз, недоумевая, что могло понадобиться жене Александра Уланова. Они встречались всего один раз, почти сразу после убийства Андреева и Бондаренко, когда шли массовые опросы всех сотрудников программы «Лицо без грима» и их близких. Виктория показалась тогда Насте спокойной, уравновешенной женщиной, не агрессивной и не способной на решительные действия. Что же такое случилось, что заставило ее прийти на Петровку?

Увидев Викторию Уланову, Настя остолбенела. Перед ней стоял совсем другой человек. Более ухоженная, с хорошо прокрашенными волосами и тщательным макияжем, в дорогом плаще поверх элегантного костюма, жена Александра Юрьевича производила впечатление женщины, дошедшей до последней грани отчаяния. Лицо стало жестким и какимто сухим, глаза горели холодным огнем, губы сжаты.

Настя привела ее в свой кабинет, предложила раздеться.

— Что у вас случилось? — спросила она. — Вы так сильно изменились внешне.

— Я пришла посоветоваться, — сказала Уланова. — Александр не в состоянии адекватно оценивать ситуацию, и я хочу взять дело в свои руки. Если ему наплевать на свою карьеру и жизнь, то мне это все еще небезразлично, хоть он и развелся со мной.

— Как это развелся? — глупо спросила Настя, понимая, что сейчас на ее глазах происходит нечто важное, и самое главное — не упустить нить, а она ничегошеньки не понимает. И ведь собиралась же она поговорить с женой Уланова как раз об этом, еще тогда собиралась, когда Татьяна рассказала о контактах Уланова с гражданкой Лутовой, а руки так и не дошли.

— Как все разводятся, — пожала плечами Уланова. — Вы знаете, из-за чего погибли директор программы и Оксана Бондаренко?

— Догадываюсь, — осторожно сказала Настя, стараясь уловить связь между разводом супругов Улановых и гибелью сотрудников телепрограммы.

— Витя Андреев тянул деньги из спонсоров за показ передачи в эфире. И Александр в этом участвовал. Я имею в виду не в вытягивании денег, а в их получении. Он знал, на какие средства существует программа, и его это устраивало. И я уверена, что спонсоры решили с ними расправиться. Витю и Оксану убили, а

Сашу начали травить. В газете появилась ужасная статья. Вот, я вам принесла.

Она протянула Насте тот самый выпуск ежедневной газеты, который Настя уже видела и читала, стоя в подъезде рядом с плачущей Ирочкой.

— Да, я знаю эту публикацию, — кивнула она. — Мне, честно говоря, показалось, что она направлена против писательницы Томилиной в первую очередь, а уж вашему мужу досталось постольку-поскольку.

— Вовсе нет, — горячо возразила Виктория, — все как раз наоборот. Удар направлен против Саши, а писательнице досталось случайно, походя. Саша не хочет понимать, чем это чревато. Он увлечен своей новой жизнью и ни о чем не хочет думать, в том числе и о завтрашнем дне. А я очень хорошо понимаю, что будет завтра.

— И что будет? — поинтересовалась Настя.

— Будет еще одна статья, потом еще одна, а потом его втянут в скандал, после которого он не отмоется до самой смерти. И работе тележурналиста придет конец. А он больше ничего не умеет и не хочет уметь, потому что он создан для этой работы. Если ее отнять у Саши, он кончится как личность, понимаете?

— Погодите, Виктория Андреевна, не так быстро. Я не успеваю следить за переменами в вашей жизни. Из-за чего вы развелись, можно узнать?

Уланова помолчала, глядя в окно. Было видно, что вопрос ей неприятен, но решимость, написанная на ее увядающем милом лице, красноречиво говорила о том, что женщина готова идти до конца и отвечать даже на те вопросы, на которые отвечать совсем не хочется.

— У него есть другая женщина, и она ждет ребенка, — наконец выдавила она.

— Но, когда мы с вами разговаривали месяц назад, вы не упоминали, что собираетесь разводиться, — заметила Настя.

— Это случилось внезапно. Саша поставил меня в известность, и мы тут же оформили развод.

— Так не бывает, — не поверила Настя. — Разводы не оформляют в течение двух часов.

— Нам оформили, — грустно усмехнулась Виктория. — Саша постарался, у него какой-то блат есть. Анастасия Павловна, я не жаловаться к вам пришла. Мне нужна помощь.

— В чем конкретно?

— Помогите найти того, кто заказал эту статью.

— Вы думаете, она заказная?

— Уверена.

— Так спросите у журналистки Хайкиной, кто ей заплатил. Чего проще.

— Я пыталась, — Уланова как-то странно улыбнулась. — Но дело в том, что такой журналистки в этой газете нет. Это заказной хорошо оплаченный материал, который подписан вымышленным именем. Поэтому я и уверена в том, что это начало акции против Саши.

— А почему, собственно, вас это так беспокоит, Виктория Андреевна? Александр Юрьевич уже вам не муж, у него другая женщина и скоро родится ребенок. Почему вы так близко к сердцу принимаете его профессиональную карьеру?

Уланова снова помолчала. На этот раз пауза длилась дольше.

— Я люблю его. Да, я продолжаю его любить несмотря ни на что. И я не могу оставаться равнодушной. Я хочу ему помочь.

— Каким образом?

— Я хочу узнать, кто стоит за этой статьей.

— И что потом? Виктория Андреевна,

вы же не собираетесь пойти к этому человеку и застрелить его, правда?

Уланова посмотрела ей прямо в глаза. Лицо ее было спокойным и сосредоточенным.

— Разумеется, нет. Но я хочу знать, кто это сделал. А уж как остановить скандал, я придумаю.

— Шантаж? — спросила Настя.

— Ну зачем же? — снова усмехнулась Уланова. — Это грубо. Я узнаю, кто этот человек, и приду к нему с деловым предложением.

— С каким же?

— Я предложу вернуть ему деньги, которые он заплатил за передачу. Если таких недовольных несколько, я думаю, что смогу вернуть деньги всем. В конце концов, если они мстят, потому что их обобрали, проще всего возместить ущерб.

— Подождите, подождите, — Настя схватилась за голову. — Я ничего не понимаю. Какие суммы с них брали за показ программы?

— По-разному, от пяти до двадцати тысяч долларов.

— С каждого?!

— Нет, что вы. Брали избирательно, примерно с каждого пятого-шестого. Остальных делали бесплатно.

— Но я все равно не вижу смысла, — упрямо возразила Настя. — Речь ведь шла не о похищении ребенка, когда ты готов на все, лишь бы вырвать его из рук вымогателей. Речь шла всего лишь о телевизионной передаче. И если она не жизненно необходима, то зачем платить? А если она так сильно нужна, что люди готовы платить, то зачем потом сводить счеты? Никто же не заставлял их давать деньги. Коль они решили мстить вымогателям, то возмещение ущерба их не устроит, уверяю вас.

— А я вас уверяю, что устроит, — холодно ответила Уланова. — Ситуация меняется ежедневно. Один заплатил потому, что счел возможным, другой заплатил, третий, а потом они встретились, поговорили и объединились. Когда человек думает, что обобрали его одного, он почему-то готов с этим мириться, но как только он обнаруживает, что это был лишь единичный факт долговременной акции, в нем просыпаются злоба и желание хотя бы отомстить, а если получится — и вернуть деньги. Тем более он не одинок, ряды крепнут, так почему не попробовать.

Что ж, подумала Настя, в этом есть смысл. Пожалуй, Виктория Андреевна не так уж не права. В логике ей не откажешь.

— И вы готовы все эти деньги вернуть? — спросила она недоверчиво.

— Чтобы остановить расправу с Сашей? Да. Может быть, не все, но сколько смогу. Продам квартиру, Саше она все равно не нужна, он же переезжает к новой жене. Продам украшения, машину. И наличные есть в банке. Если тех, кто за этим стоит, не больше семи-восьми человек, я с ними рассчитаюсь полностью, если же их больше, придется возвращать сумму не целиком, но я надеюсь с ними договориться. Анастасия Павловна, подскажите мне, куда обратиться, чтобы найти этих людей. Я, собственно, только за этим к вам и пришла.

Куда обратиться, чтобы найти тех, кто заказал статью «Прощай лицо, да здравствует грим!»? Конечно, если верить версии Виктории Улановой, материал был направлен против ведущего программы, а вовсе не против Татьяны, но все-таки... В голове у Насти появилась сумасшедшая мысль. Но без разрешения Гордеева она не посмеет ее высказать.

— Пойдемте со мной, — сказала она решительно. — Я проконсультируюсь у знающих людей.

Вдвоем они дошли до кабинета Колобка. Настя попросила Уланову подождать в коридоре, а сама зашла к начальнику.

— Виктор Алексеевич, а что, если направить Уланову в «Грант»? — предложила она. — Мы же должны выяснить, от кого в агентстве идет продажа информации. Вот и посмотрим, чтобы самим там не светиться.

Гордеев задумался. Настя понимала, что именно его беспокоит. Нельзя втягивать частных лиц в процесс раскрытия преступлений. То есть это, конечно, делается сплошь и рядом, но все-таки лучше использовать тех, у кого есть хотя бы маломальский опыт, изворотливость, смекалка. В идеале это должны быть бывшие оперативники или бывшие сотрудники других милицейских служб. А тут милая спокойная женщина, никаким боком к милиции не привязанная. Хотя, с другой стороны, профессия у нее такая, что иному милиционеру фору даст.

— Чем занимается эта Уланова? — спросил полковник.

— Она журналистка на вольных хлебах, пишет по заказам нескольких иностранных изданий о женских проблемах в современной России. Насколько мне известно, она брала интервью...

Настя назвала несколько очень известных фамилий: певицы, топ-модели, кинозвезды.

— Ах, вот даже как, — протянул Виктор Алексеевич. — Это делает ей честь. К этим дамочкам не так легко прорваться, а угодить им еще труднее. По крайней мере об одной из них мне рассказывали, что ей раз пять приносили на визирование текст одного и того же интервью, и она все пять раз его не подписывала, потому что ей не нравилось, хотя все было записано с диктофона слово в слово. Материал так и не вышел. А Уланова, значит, сумела. Молодец.

— Так что вы скажете? — робко спросила Настя. — Можно рекомендовать ей обратиться в «Грант»?

— Пожалуй, я бы разрешил, — задумчиво произнес он. — Но с оговорками. Если она права и те люди, которых она ищет, организовали убийство Андреева и Бондаренко, то направить ее с этим вопросом к частным сыщикам — это и ее подставить, и самим подставиться. Этого нельзя ни в коем случае. Придумай ей легенду поспокойнее и поправдоподобнее. Но не слишком далеко от истины, иначе заинтересованные фигуры сразу почувствуют подделку.

— Можно сказать, что она хочет собрать компрометирующие сведения о Хайкиной, чтобы поквитаться с ней за статью о муже, — сказала она.

— Ну, например, — согласился Гордеев. — Договорись с ней о взаимопомощи. В легенде должно быть что-нибудь такое, что позволит нам сразу определить утечку информации. С агентством надо разбираться как следует, убийство депутата на нас висит, а мы ни с места. А тут еще письма эти подметные... Черт знает что. Ты с Коротковым поговорила?

— Поговорила. Он никаких писем не получал.

— И Гмыря не получал. Выходит, только Лесников наш удостоился. Ты, деточка, конечно, во многом не права, но то, что ты не любишь политику, — это правильно. Я тоже ее любить перестал. Грязное это дело. А помнишь, как мы в восемьдесят девятом году репортажи с Первого съезда народных депутатов слушали? Вся управа не работала, к десяти утра собирались перед телевизорами и смотрели, как люди, которых мы олицетворяли с российской совестью, развенчивали коммунизм. Кажется, даже ты тогда стала политикой интересоваться.

— Было, — согласилась Настя. — Но к девяносто второму году это прошло. Переболела. Я пойду, Виктор Алексеевич, а то меня Уланова в коридоре ждет.

— Подождет, — неожиданно жестко сказал полковник. — Я знаю, что с тобой Заточный разговаривал насчет перехода.

— Да, — растерянно ответила она. — Он вам сказал?

— Нет, сорока на хвосте принесла. И что ты думаешь по этому поводу?

— Я не знаю. Как вы скажете, так и буду думать.

— А своего мнения у тебя нет?

— Пока нет.

— Тогда уходи. Поработай у Ивана, это тебе на пользу пойдет. Сейчас грядут трудные времена, Стасенька, в верхах в любой момент могут случиться большие перемены, а это повлечет за собой постепенную смену руководства в городе, потом и до нас доберутся. Я-то пенсионный уже, не забывай. Пересиди смуту под крылом у Ивана, а там посмотрим. Если отдел сохранится в нынешнем виде, вернешься, а нет — так и тебе нечего тут делать.

— Виктор Алексеевич...

— Все, иди к своей Улановой. Иди. Мне работать надо.

Он демонстративно полез в стол за

бумагами и тут же уткнулся в них, словно в данный момент не было для него дела важнее, чем эти вот бумаги.

* * *

Утром, подавая мужу завтрак, Татьяна попросила:

— Стасов, ты можешь оказать своей беременной жене услугу?

Владислав удивленно посмотрел на нее и даже отложил вилку, которой уже нацелился было на аппетитные румяные блинчики с творогом, оставшиеся со вчерашнего дня.

— Я весь твой, моя королева, — наконец вымолвил он. — Повелевай.

— Мне нужен народный художник России по фамилии Фролов.

— Зачем? Ты хочешь заказать ему поясной портрет?

— Нет, я хочу задать ему пару вопросов. Стасов, еще три дня назад у меня для этого были оперативники, которым я могла это поручить, но сегодня у меня никого нет, кроме тебя и Насти. А Насте я вчера не смогла дозвониться, похоже, она дома не ночевала. Поэтому остаешься ты.

— Погоди, я не понял. Это что, по

уголовному делу, которое ты уже передала?

— Именно.

— А что же следователь, который теперь его ведет? Пусть он сам этим занимается.

— Стасов, ты уже все забыл, — засмеялась Татьяна. — При существующей нагрузке у следователя руки до моих нераскрытых трупов дойдут еще не скоро, а поскольку дело уже далеко не свежее, то и вообще никто надрываться не будет. А у меня жуткий комплекс вины, потому что следствие велось вяло, и я хочу хоть что-то сделать, коль скоро у меня есть такая возможность. Следователь, кстати, не возражает, я с ним говорила. Так я могу рассчитывать на твою помощь?

— Таня, ты ставишь меня в тяжелое положение, — сердито ответил Стасов. — С одной стороны, ты — моя любимая жена и я не могу тебе ни в чем отказать, но с другой стороны, я категорически против того, чтобы ты занималась работой, вместо того чтобы заниматься сохранением беременности. Сиди дома и дописывай книгу. Считай, что я тебе велю.

— Что ты делаешь? — переспросила она, приподнимая брови в удивленной гримаске.

— Ве-лю. В смысле даю указание.

— Ух ты! А ты окрутел, Стасов. Скажи-ка, ты помнишь известную истину о том, что все болезни от нервов?

— Ну, помню. И что?

— А то, что для сохранения моего душевного покоя я должна раскрыть убийство колдуньи Инессы. И у меня такое чувство, что я его уже почти раскрыла. Мне будет приятно осознавать, что я все-таки довела это дело до конца, даже находясь в состоянии глубокой беременности. Ну можешь ты мне подарить такой праздник или нет?

Стасов сердито молчал, энергично двигая челюстями и поедая один за другим симпатичные блинчики, убывающие с тарелки с космической скоростью.

— Стасов, у меня в запасе есть еще один аргумент. Я не могу дописывать книгу, пока не раскрою это убийство. Понимаешь, мозги не в том направлении работают. Зато если я его раскрою, то про это и напишу. Все равно у меня какой-то творческий застой получается. Я вчера перечитала то, что уже написано, и поняла, что для дальнейшего развития сюжета нужно еще одно преступление, позагадочнее. Как раз такое, как убийство колдуньи. Это послужит мне хорошим толчком. Ну как, уговорила?

Он отодвинул тарелку и вытер губы салфеткой.

— Наша Ира — чистое золото, а блины у нее — райские. Она поздно вчера явилась?

— Поздно, ты уже крепко спал.

— Как ей погулялось?

— Отлично. Дядя из «Бентли-Континенталя» сделал ей предложение. А в июне они собираются ехать в Майами купаться в океане. Стасов, не увиливай от ответа на прямо поставленный вопрос. Ты найдешь для меня художника Фролова, или мне к Насте обращаться?

— Нет, погоди. Как это они уедут? А ты?

— А я останусь. Что тебя не устраивает?

— Но ведь я тоже уеду. И ты останешься совсем одна. Нет, так не годится.

— Годится, Стасов, все годится. Ничего со мной не случится, я не маленькая. Так я в третий раз спрашиваю: ты найдешь Фролова? Имей в виду, я все равно не успокоюсь. Сяду на телефон, буду обзванивать все творческие союзы живописцев и скульпторов и все равно найду. Но у тебя это получится быстрее.

Стасов быстро допил чай, посмотрел на часы и встал.

— Веревки ты из меня вьешь, вот что

я тебе скажу, — проворчал он. — Найду я тебе этого Тинторетто. Но с одним условием.

— Никаких условий, — резко сказала Татьяна.

— Нет уж, голубушка. Я его найду и сам с ним встречусь, чтобы тебе не ездить никуда. Скажи, что я должен у него спросить.

— Меня интересует, когда и к какому психоаналитику он обращался.

— Ну вот, здрасьте, — протянул Стасов. — А при чем тут психоаналитики, если ты занимаешься убийством колдуньи?

— А она тоже психоаналитик. Просто прикидывалась колдуньей, чтобы клиентуру не отпугивать.

— Вон оно что... Ладно, золотая моя, все сделаю. Не скучай без меня.

Выйдя в прихожую, он натянул легкую куртку и взял «дипломат». Татьяна привычно подставила ему щеку для поцелуя, но Стасов, вопреки обыкновению, поцеловал ее в губы.

— Танюша, я, сегодня, наверное...

— Да, конечно, — она вымученно улыбнулась, — ты опять поедешь к Лиле.

— Таня...

— Но я же не против, Стасов. Не надо все время извиняться. И потом, почему бы тебе не привезти ее к нам? Я по ней скучаю, раньше она бывала у нас почти каждый день.

— У нее трудный период. Раньше она не думала о том, что у нее будет братик или сестричка и она перестанет быть единственным обожаемым существом у нас, четверых взрослых. А теперь она... как бы это сказать...

— Ну не мнись, Стасов, — резко сказала она, — не надо меня щадить. Лиля настроена против меня?

— В общем... Да.

— Ну что ж, я должна была это предвидеть. В таком случае не следует еще больше ее травмировать и привозить сюда. Не забудь о моей просьбе.

Закрыв дверь за мужем, Татьяна вернулась на кухню и стала мыть посуду. И даже не сразу заметила, что плачет.

* * *

Ирочка снова убежала на свидание с женихом, и Татьяна потихоньку занималась домашними делами, когда позвонил муж. Услышав в трубке его голос, она подумала, что он уже разыскал художника Фролова и порадовалась. Но, как выяснилось, радовалась она напрасно.

— Ты слышала о статье «Бешеные деньги»? — спросил Стасов.

— Нет, только о пьесе Островского, — пошутила Татьяна.

Она чувствовала себя виноватой за утреннюю вспышку и теперь ей хотелось разговаривать с мужем легким веселым тоном, чтобы показать ему, что вовсе не обиделась. Однако оказалось, что поводов для шуток не было. Какой-то шустрый журналист пособирал по миру сплетни и слухи и опубликовал «достоверные», на его взгляд, сведения о гонорарах, которые получают российские писатели. Татьяна Томилина была названа в статье одной из самых состоятельных окололитературных дам, гонорары которой составляют пятьдесят тысяч долларов за книгу.

— Что за чушь! — удивилась она. — Откуда это взялось?

— Из статьи.

— Это я понимаю, — нетерпеливо прервала Татьяна, — а слух-то такой откуда взялся? Эти цифры ничего общего с реальностью не имеют. Почему пятьдесят тысяч, а не сто, не двести?

— Танечка, это вопрос не ко мне. Ты когда-нибудь в интервью вопрос о гонорарах обсуждала?

— Да никогда! Ты что, шутишь? У меня с издательством подписано соглашение о том, что размеры гонораров являются коммерческой тайной, и за разглашение и мне, и им грозит ответственность. Мне скрывать нечего, со всех моих гонораров налоги уплачены, но издательство не хочет, чтобы один автор знал, сколько платят другому. Это вопрос их политики поведения с авторами. И я их понимаю. Я и сама не хочу знать, сколько платят другим, потому что если окажется, что им платят больше, чем мне, я начну терзаться и завидовать. Начну думать, что я хуже пишу. Или что я глупее, и меня можно обманывать. Зачем мне эта головная боль?

— Интересно, — задумчиво сказал Стасов, — откуда же тогда появился этот слух? Он ведь должен на что-то опираться, на чьи-нибудь слова, например.

— Не обязательно, — возразила она, — можно просто выдумать. В Москве уйма газет, где работают специальные выдумщики, творящие жуткие, душераздирающие истории про людоедов или про девочек, которых беркуты выкармливают и воспитывают. Сама читала такое. Ты мне художника нашел?

— Таня, ты не о том думаешь, — с досадой произнес Владислав.

— А о чем я должна думать?

— О том, что завтра, когда ты будешь одна, в квартиру придут бандиты, которые прочитали в газете, сколько денег ты получаешь. Будут тебя пытать и истязать, чтобы ты сказала, где хранишь свои десятки тысяч долларов. И ты никогда в жизни им не объяснишь, что журналист, который это написал, — идиот. Они тебе все равно не поверят. А журналисту поверят. Еще Пушкин отмечал патологическое доверие русской души к печатному слову. Вот о чем ты должна думать, а не о каком-то там художнике с нарушениями психики.

— Дорогой, — вздохнула она, — что толку думать об этом? Я же все равно ничего не могу изменить. Статья уже написана и напечатана, и тысячи людей ее уже прочли. Так что мне теперь, на улицу не выходить? Бандиты ведь могут не только в квартире на меня наехать, но и на улице, и в метро...

Она осеклась. В метро. Да, вчерашняя тетка, которая орала на нее и обзывала. Теперь понятно, откуда в ее бессвязных истерических выкриках взялась цифра в пятьдесят тысяч долларов. Тоже, видно, «желтую прессу» почитывает. Прочитала и поверила. И другие поверят. Сколько их еще будет, таких теток в метро и на улице?

— И все-таки найди мне художника, — попросила она и добавила: — Пожалуйста, Стасов. Это важно для меня.

Ее душила бессильная злость. Господи, ну кому она на мозоль наступила? Что они к ней прицепились? И по телевидению выступила плохо, и гонорары бешеные гребет. Кому мешают ее книги? Что могло вызвать такую неистовую ненависть прессы?

Мелькнула предательская мысль, а не бросить ли совсем эту литературную деятельность? Родить ребенка, через несколько месяцев выйти на работу и продолжать жить, как живут все следователи. Расследовать преступления, составлять протоколы и обвинительные заключения, допрашивать свидетелей, потерпевших и подозреваемых, растить детей, заниматься хозяйством. Зачем ей нужна эта дурацкая литература, если из-за нее одни неприятности? Стасов прав, в любой момент в квартиру могут вломиться «отморозки», и она ничего не сможет им доказать. Вообще у этого журналиста хоть какие-нибудь мозги есть или они полностью отсутствуют? Ладно бы еще, если бы он написал про сверхвысокие доходы известного политика, у которого и так есть личная охрана и который один по улицам не ходит и в общественном транспорте не ездит. Но так подставить ее, женщину, которая не может себя защитить! Зачем? Неужели не понимал, что делает?

«Я могу себя защитить, — внезапно подумала она и улыбнулась. — Я могу. И я это сделаю. Главное — успеть».

Когда Стасов позвонил во второй раз, Татьяна снова была в хорошем расположении духа. Отогнав все тяжелые мысли, она сидела за компьютером и работала над очередной главой новой книги.

— Я нашел твоего Джорджоне, — весело сообщил муж. — И даже съездил к нему.

— И что он сказал? — нетерпеливо спросила она.

— Неувязочка вышла, госпожа следователь. Не ходил он к твоей колдунье, и слышать про нее не слышал, и знать не знает. И по-моему, не врет.

— Не врет, — согласилась Татьяна. — Он ходил к другому специалисту.

— А ты откуда знаешь? — удивился Стасов.

— Я пока не знаю, а только догадываюсь. Он ходил к Готовчицу, да?

— Да ну тебя, Танюха, — огорченно сказал он. — Хотел кролика из шляпы вытащить, а ты помешала. Никакой радости с тобой. Слушай, Готовчиц — фамилия редкая. Он не муж ли той парламентской леди, которую убили недавно?

— Муж. С тобой, Стасов, тоже радости мало, все с полуслова ловишь. Спасибо, дальше я сама.

— Ты мне обещала никуда не ездить, — строго напомнил он.

— Неправда, я обещала не ездить к Фролову. И не поеду. Все, Стасов, не буду тебя больше отвлекать, иди работать.

— Таня! Я тебя прошу, не выходи из дома одна. После этой статьи я за тебя боюсь.

— Перестань. Я же не могу запереть себя в четырех стенах. Не волнуйся, со мной ничего не случится. Счастливо!

Она быстро положила трубку, не ожидая ответной реплики мужа, потому что знала все, что он может ей сказать. И будет прав.

Не успела она отойти от телефона, как он снова зазвонил. Татьяна поняла, что это Стасов, и предусмотрительно не стала снимать трубку. Звонки шли один за другим, но она не обращала на них внимания. Выключила компьютер и стала одеваться. Когда телефон умолк, быстро набрала номер Каменской.

— Настюша, мне нужно срочно с тобой увидеться. Очень срочно.

— Мне сейчас отсюда не сорваться, — ответила Настя. — До вечера терпит?

— Нет. Это действительно срочно. Я могу приехать на Петровку.

— Давай, если тебе не трудно, — согласилась Настя. — Я буду на месте.

На этот раз Татьяна не стала рисковать и поймала «частника», который запросил на удивление скромную сумму, и уже через час она входила в здание на Петровке, 38. Настя сидела за столом среди вороха огромных листов со статистикой и готовила для Гордеева очередную ежемесячную аналитическую справку о состоянии дел с тяжкими насильственными преступлениями. В кабинете было накурено, и при виде Татьяны Настя тут же вскочила и распахнула настежь окно.

— Не замерзнешь? — заботливо спросила она. — Надо проветрить, тебе вредно дышать табачным дымом.

— Ничего, я привычная, — усмехнулась Татьяна. — Ты к Готовчицу в ближайшее время не собираешься?

— Собираюсь, — кивнула Настя. — Как раз сегодня. Он меня ждет к шести часам. Есть поручения?

— Скорее просьба. Помнишь, я тебе рассказывала про убийство колдуньи Инессы?

— Конечно. Среди ее клиентов была некто Лутова, а к Лутовой в гости захаживал мой фигурант Уланов. На этом мы с тобой и сомкнули ряды. Кстати, хочу тебе сообщить, что роман у Уланова вовсе не с Лутовой. Его пассия ждет ребенка, а Лутова, как ты мне говорила, вовсе не беременна.

— Что ж, можно констатировать, что ряды смыкаются плотнее, — заметила Татьяна. — Твой Готовчиц и моя колдунья в прошлом были любовниками.

— Да, ты говорила.

— Но это, как говорилось в одном известном кинофильме, еще не все. У меня есть сильные подозрения, что они поддерживали отношения до сих пор, то есть до гибели Инессы.

— Ну и что? — удивилась Настя. — Подумаешь, криминал. Адюльтер — дело обычное. Или там что-то еще?

— Там многое, Настюша. Готовчиц сказал мне, что у Инны Пашковой было невероятное чутье, позволяющее ей быстро добираться до болевых точек человеческой души. Она, по его словам, была психоаналитиком от Бога, а не только по образованию. И вот представь себе, в записях Инессы я нахожу сведения о человеке, который у нее никогда не бывал, но зато посещал сеансы у Готовчица. Каково, а?

— Ничего себе! — выдохнула Настя, в изумлении глядя на Татьяну. — Получается, он бегал к ней консультироваться?

— Думаю, да. И делал это постоянно. Настолько постоянно, что имел собственный комплект ключей от ее квартиры. И в какой-то момент эти ключи выбросил прямо у дома, где жила Инесса. Напряги фантазию, и картинка у тебя получится страшно интересная.

— Ну, насчет фантазии — это не ко мне, — засмеялась Настя. — По части фантазии главный специалист у нас — ты. Но картинка действительно получается любопытная. Думаешь, он ее убил?

— Допускаю. Но, с другой стороны, зачем? Ведь если он с проблемами своих пациентов бежал к Инне советоваться, то что он будет делать без нее? Репутация поставлена под угрозу, если он не сможет выглядеть блестящим специалистом, он растеряет клиентуру. Причина убийства должна быть очень веской, чтобы пойти на него.

Настя задумчиво покачала головой,

машинально потянулась за сигаретой, но вспомнила, что в комнате находится беременная женщина, и спрятала пачку в стол, от глаз подальше.

— Не обязательно. Если он действительно убил Инну и, выйдя из подъезда, выбросил ключи, это говорит о том, что он в тот момент плохо соображал. Если бы он соображал хорошо, он бы спокойно унес ключи куда-нибудь далеко и выбросил, например, в Москву-реку или в Яузу. Или в канализационный люк. Он же сделал самое глупое, что только можно себе представить. Из этого можно вывести предположение, что если он за несколько минут до этого совершил убийство, то скорее всего в состоянии сильного душевного волнения. Типичное убийство по страсти. Тем более они были любовниками. Ты хочешь, чтобы я поговорила об этом с Готовчицем?

— Да. Вообще-то я даже не знаю, как лучше... Я хотела бы сама побеседовать с ним. Но вместе нам, наверное, не стоит к нему идти. У тебя какой план на сегодняшнюю встречу?

— Да нет у меня никакого плана, — Настя с досадой взмахнула рукой. — У меня есть задача, которую я должна как-то решить, а как — непонятно. В двух словах: супруга Бориса Михайловича наняла частных детективов для слежки за мужем. Вопрос: почему она сделала это именно сейчас? Вероятно, что-то в его поведении натолкнуло ее на мысль, что с ним не все в порядке. Судя по всему, это так и было, ибо в один прекрасный момент слежка была обнаружена кем-то из числа контактов Готовчица, кому это дело жутко не понравилось. Этот кто-то через сыскное агентство выяснил при помощи энной суммы, кто заказал слежку, и, узнав, что это сделала Юлия Николаевна, организовал ее убийство. Более того, когда по моей просьбе мой знакомый попытался выяснить, через кого идет утечка информации из агентства, его убили прямо на моих глазах. Он уже видел того, кто приторговывает конфиденциальными сведениями, но не смог узнать его имя, чтобы не настораживать никого, и хотел показать его мне вживую. Но не успел. То есть дело там — серьезнее не бывает. Все очень круто замешано. Но мне нужно найти исходную точку. Почему Юлия Николаевна забеспокоилась? Что такое произошло, что заставило ее обратиться к частным сыщикам? Официально я убийством депутата не занимаюсь, и Гордеев поручил мне выяснить только этот малюсенький фактик. Но с ним, как оказалось, большие проблемы. Я хожу к Готовчицу, делая вид, что у меня личные проблемы, с которыми я не могу справиться, мы с ним дружно играем в сеанс психоанализа, а противный маленький фактик никак наружу не вылезает.

— Сколько времени проводилось наблюдение за Готовчицем? — спросила Татьяна.

— Неделю.

— Отчеты заказчице представлялись?

— Обязательно. Я их уже наизусть выучила, отчеты эти. Мы копии сразу же запросили. Ребята буквально на шею сели всем, кто в них упомянут, глаз с них не спускали — и ничего. Ни одной подозрительной фигуры. Обычные люди, такие же, как мы с тобой. Коллеги по научной работе и медицинской практике, пациенты, редактор издательства, выпускающего книгу, в которой у Готовчица две главы. Надо сказать, он человек не больно общительный, контактов у него немного. И из дому выходил нечасто. А сейчас, по-моему, вообще не выходит. У нас только два пути: либо узнать правду у самого Готовчица, либо выяснить у того человека в агентстве, кому он дал информацию. Вот с двух сторон и подбираемся.

— Можно, я к нему сегодня съезжу? — попросила Татьяна.

— Ты? Разве ты все еще работаешь? Ты, кажется, говорила, что уходишь на сохранение, — удивилась Настя.

— Даю прощальную гастроль, — пошутила Образцова. — Давай я попробую с ним поговорить. Разговор пойдет, естественно, о моей колдунье, но ведь Готовчиц нас с тобой никак не связывает и о событиях, предшествовавших убийству жены, будет со мной разговаривать более свободно, не следя за каждым словом. Если ему, конечно, есть что скрывать.

Идея показалась Насте перспективной. И кроме того, она хотела снова поехать в Жуковский. Свекру сделали операцию, вчера она вместе с Алексеем просидела в больнице до глубокой ночи. Они с мужем говорили о чем угодно, только не о том, из-за чего, собственно, и возник конфликт, но ей показалось, что Леша уже не сердится. В любом случае она должна быть рядом с ним, потому что он переживает за отца. И потому, что все может в любой момент обернуться трагедией. Нельзя оставлять Чистякова одного.

* * *

Ровно в шесть вечера раздался звонок в дверь. Он привычно испугался, помертвел, но сумел справиться со страхом. На часах шесть, это она, Каменская, женщина из уголовного розыска. Одна из многих, кто занимается убийством Юли. Но на пороге стояла та, другая, которую он определил для себя как многодетную и обремененную хозяйством нескладную толстуху, готовящуюся в очередной раз стать матерью. Он сперва удивился, но потом успокоился. Когда к нему приходил въедливый и дотошный Гмыря или красивый паренек Лесников, Борис Михайлович напрягался и каждую минуту ждал подвоха. С женщинами всегда проще иметь дело, а уж с такой, как эта...

С того момента прошло почти полтора часа. И вот он сидит перед ней и не понимает, о чем она спрашивает. То есть слова все понятные, знакомые, но мозг упорно отказывается понимать страшный смысл ее вопросов.

— У вас были ключи от квартиры Пашковой. Я точно знаю, что они были. Где они сейчас?

Она задает этот вопрос уже в третий

или четвертый раз, а он все не может ответить.

— Хорошо, я отвечу сама, — спокойно произносит женщина-следователь, и в этот момент Готовчиц почему-то пытается вспомнить, как ее зовут. Ведь она же говорила, называла имя, и в прошлый раз, и сегодня, когда пришла. А он не помнит.

— Ключи вы выбросили на Мясницкой, когда в последний раз вышли из квартиры Инны Пашковой. Я не спрашиваю, зачем вы к ней приходили, потому что и так знаю. Вы использовали ее как дармовую рабочую силу, вы эксплуатировали ее талант, чтобы выглядеть в глазах своих пациентов проницательным и квалифицированным специалистом. С чем вы приходили к ней? С цветами и шампанским? Или с диктофоном, на который были записаны ваши беседы с пациентами во время сеансов? Она любила вас все эти годы и все эти годы доказывала вам, что тоже кое-что умеет. Вероятно, вы постоянно в этом сомневались. Во всяком случае, давали ей понять, что цените ее невысоко. И она доказывала вам, что вы ошибаетесь. Вы помните, как она специально пришла когда-то, чтобы показать вам свой диплом? И как просила, чтобы для прохождения интернатуры ее направили именно к вам, в клинику, где вы заведовали отделением? Все ваши сказочки про стандартный и ничего не значащий роман врача-интерна и завотделением — это полная чушь. Ваш роман начался гораздо раньше, Инна была беременна от вас, но ребенок так и не родился. И не смейте мне говорить, что вы этого не знали. Борис Михайлович, я не требую от вас ни подтверждения, ни возражений по поводу только что сказанного. Я хочу, чтобы вы мне сказали, что произошло во время вашей последней встречи и почему вы выбросили ключи. Только это.

Она замолчала, подперла рукой подбородок и стала смотреть на него своими темно-серыми глазами терпеливо и внимательно. Он молчал.

— Я не уйду отсюда, пока вы мне не ответите, — сказала она.

Он молчал. И вспоминал тот ужас, который охватил его, когда он привычно открыл дверь Инны своими ключами, вошел и увидел ее лежащей на полу, в луже крови, избитую и истерзанную. Он не убивал ее, нет. Он никогда не поднял бы на нее руку. Он ее боготворил, он ею восхищался, как восхищаются людьми, которые умеют делать что-то невероятное.

Он ее не убивал. Но он оставил ее без помощи, хотя можно было вызвать врачей и спасти ее. Он постоял в оцепенении над окровавленным телом, повернулся и ушел, тихонько захлопнув за собой дверь. И выйдя из подъезда, выбросил ключи.

— Я ее не убивал, — наконец выдавил он.

— Я знаю, — тихо ответила следователь. — Никто не станет убивать курицу, несущую золотые яйца. Инна была вашей правой рукой. В сущности, она была вами, потому что вы слабый психоаналитик, а все ваши успехи в лечении пациентов — это ее заслуга. Со случаями попроще вы справлялись сами, а с более сложными — шли к Инне за помощью. Вы честно просили ее помочь или продолжали делать вид, что экзаменуете ее, предлагая в виде тестов записи ваших бесед с пациентами?

— Я любил ее, — пробормотал он едва слышно.

— А вот это неправда, — мягко поправила она. — Это Инна вас любила, а не вы ее. Она любила вас безрассудно и преданно, вы были главным человеком в ее жизни, и она ничего не могла с этим поделать, несмотря на то, что прекрасно умела разбираться с аналогичными проблемами других людей. К ней приходили десятки женщин, которые не могли собственными усилиями вырвать из сердца тягу к мужчине и перестать ему подчиняться, и этим женщинам Инна помогала. А себе — не могла. И вы, Борис Михайлович, этим пользовались совершенно беззастенчиво. Скажите-ка мне, ваша жена знала о связи с Пашковой?

— Нет!

Он сказал это быстро, громко и уверенно, словно сама мысль показалась ему кощунственной.

— Вы точно знаете?

— Точно. Юля никогда... Нет, что вы... Нет. Она не могла ничего знать.

— Может быть, у нее появился повод подозревать об этом? Подумайте, не сказали ли вы что-нибудь такое... неосторожное. Или, может быть, сделали что-то необычное.

— Нет. Почему вы спрашиваете? Разве Юля кому-нибудь говорила, что подозревает меня в неверности?

— Я думаю, неверность вашу супругу испугала бы меньше. Но она могла заподозрить, что вы — не тот, за кого себя выдаете. Вы — очень средний психиатр или психолог, но вовсе не такой специалист, каким вас все считают и которому платят такие большие гонорары. Кстати, Инна получала от вас какие-нибудь деньги в виде благодарности за консультации или вы эксплуатировали бесплатный труд?

— Вы не смеете! — Готовчиц повысил голос, но осекся под ее спокойным взглядом. — Я вас прошу, не надо так говорить. Что бы вы ни думали, я любил Инну. Любил, как умел. Как был способен.

Он понял, что сейчас все ей расскажет. Он не может больше молчать, и не потому, что тщательно скрываемая тайна рвется наружу, а потому, что его измучил страх. Постоянный, иссушающий и выжигающий все внутри, мешающий думать, дышать, жить. Он больше не может терпеть. Он все расскажет и будет надеяться, что ему помогут.

Он все никак не мог сосредоточиться и почему-то разглядывал пушистую светло-серую кофточку, в которую была одета женщина-следователь. Он так и не вспомнил ее имя, но эта кофточка, так похожая на ту, что носила его мать, стала последней каплей. Ей он все расскажет.

Именно ей, толстой, неторопливой и доброй, а не этому злому, недоверчивому следователю Гмыре и не той странной девице с Петровки, рядом с которой у него постоянно возникает чувство опасности.

...В конце января Инна неожиданно позвонила ему домой, хотя почти никогда этого не делала. Она была разумной женщиной и понимала, что звонить домой женатому любовнику не следует.

— Ты не был у меня сегодня днем? — взволнованно спросила она.

— Нет, — удивленно ответил Готовчиц. — Мы ведь и не договаривались.

— Значит, я сама забыла дверь закрыть, — с досадой сказала Инна. — Представляешь, пришла — а дверь не заперта. Я подумала, что ты пришел и ждешь меня. А тебя нет. Ладно, извини, что побеспокоила.

Однако еще через пятнадцать минут она позвонила снова. На этот раз голос у нее был испуганный.

— Боря, ты меня не разыгрываешь? Ты точно не приходил сегодня?

Он начал раздражаться. Ну сколько раз можно повторять одно и то же? Он же сказал: не был.

— Понимаешь, в квартире кто-то был,

но вроде ничего не пропало. Вещи только не на своих местах.

— Может, тебе показалось? — предположил Готовчиц. — Вспомни, ты, наверное, сама их перекладывала.

— Да нет же, Боря. Рылись в мебельной стенке, там, где я храню записи о клиентах. Все бумаги лежат в понятном мне порядке, и я этот порядок никогда не нарушаю, потому что потом не смогу быстро найти то, что нужно. Я не могла ошибиться.

Готовчиц произнес какие-то необязательные успокаивающие слова, будучи абсолютно уверенным, что Инна все напутала в своих бумагах сама. В самом деле, ну кому придет в голову взламывать квартиру, чтобы ничего не взять? Не бывает такого. Инна через пару дней успокоилась и даже стала подшучивать над своим испугом. Она, похоже, тоже решила, что ей померещилось. А по поводу незапертой двери сказала:

— У меня замок — ножницами открыть можно. Наверное, какой-нибудь начинающий воришка польстился на легкий замок, вскрыл дверь, вошел и увидел, что брать у меня нечего. С тем и убыл.

Но дверь она все-таки поменяла, поставила двойную стальную с сейфовыми замками. И дала Готовчицу второй комплект ключей взамен старого ключа.

В тот день он пришел к Инне, как обычно, открыв двери своими ключами. То, что он увидел, было страшным. Она еще дышала, более того, была в сознании. Увидев его, мучительно зашевелила губами, пытаясь что-то сказать. Он наклонился к ней, стараясь не испачкаться в крови. Еще не слыша ее слов, он уже решил, что уйдет и не будет вызывать врачей. Какова бы ни была причина происшедшего, он не может позволить себе быть втянутым в следствие и в сомнительные отношения с сомнительной дамой-колдуньей.

— Имя... — шептала Инна в последнем усилии.

— Какое имя?

— Имя... В бумагах нет... Там другое... Они требовали имя... Помоги мне...

Больше она ничего не сказала, потеряла сознание. Борис Михайлович осмотрелся судорожно, пытаясь понять, не испачкался ли он и не оставил ли следов. Потом на цыпочках вышел из квартиры и аккуратно притворил дверь. Раздался щелчок, дверь захлопнулась. Он не стал запирать замок на четыре оборота, сбежал по лестнице вниз и выскочил на улицу. Сделал глубокий вдох, стараясь выглядеть как обычный прохожий, замедлил шаг и направился к машине. Ключи тут же выбросил, сам не зная, зачем. Машинально хотел избавиться от всего, что связывало его с Инной.

Дни шли, никто его не беспокоил. Он хорошо знал свою возлюбленную-помощницу, знал ее скрытность и нелюдимость и надеялся на то, что она никому об их отношениях не рассказывала. Так оно, вероятнее всего, и было, потому что следствие до него не добралось. И он успокоился. Только потеря Инны его тревожила. Как он теперь без нее? Кто будет помогать ему искать «ключи» к душам пациентов? Без Инны он — ничто. И те пациенты, к которым он привык и которые привыкли к нему, скоро от него уйдут. Состоятельные люди, представители элиты, в том числе и политической, и, наверное, криминальной. Очень «новые русские». Люди искусства. Как только два-три человека скажут где-нибудь, что ходят к Готовчицу уже три месяца, а толку никакого — все. Репутация погибла. Надежда только на ту новую работу, о которой говорила одна пациентка. Она осталась очень им довольна и порекомендовала Готовчица какому-то большому начальнику в Министерстве внутренних дел. Там вроде бы его кандидатуру не отвергли и сейчас рассматривают. Борис Михайлович хорошо понимал, какого рода работа его ждет, если все сложится благополучно, и очень хотел ее получить. Потому что та информация, которой он будет располагать, сделает его могущественным. Если нельзя властвовать над душами, потому что больше нет Инны, то он будет властвовать над умами.

И вдруг... Дверь его квартиры оказалась взломанной. И тоже ничего не пропало. И тоже явные следы того, что кто-то рылся в его бумагах. Его охватил ужас. Он слишком хорошо помнил, что именно так все началось для Инны. И видел, чем это для нее кончилось. Имя. Они хотели узнать у нее какое-то имя. Но какое?

Он потерял покой, каждую свободную минуту посвящая пересмотру и перечитыванию своих записей о пациентах и пытаясь понять, что взломщики искали у него. Какое имя? О чем речь? Он ничего не мог придумать и от этого боялся еще больше. Разве мог он сказать работникам милиции, что воры не ценности искали, а рылись в бумагах в поисках какого-то имени? Не мог. Они бы обязательно спросили, откуда ему это известно, и немедленно выплыла бы история с Инной. Этого он допустить не мог. И он молчал. Молчал и жил в постоянном страхе.

А потом убили Юлю. И ему стало еще страшнее.

Вот, собственно, и все...

ГЛАВА 18

Татьяна даже не очень удивилась, выслушав рассказ профессора Готовчица. Чего-то подобного она и ожидала, а удивить ее после стольких лет работы следователем вообще было непросто. Борис Михайлович бросил умирающую женщину без помощи, потому что боялся быть втянутым в скандал, который помешает его новому назначению? Да таких случаев в ее практике был не один десяток. Известный психоаналитик доктор наук Готовчиц оказался несостоятельным специалистом и в особо сложных случаях пользовался услугами более квалифицированной помощницы? И такое встречается на каждом шагу. Книги, написанные вовсе не теми людьми, чье имя стоит на обложке, давно стали притчей во языцех, как и диссертации, подготовленные якобы аспирантами, а на самом деле от первой до последней строчки выполненные за большие деньги каким-нибудь желающим подработать профессором или доцентом. Чувство гадливости, возникающее у нее каждый раз при столкновении с подобной ситуацией, было сродни чувству, которое появляется, когда после долгой борьбы с тараканами эти очаровательные насекомые появляются вновь. Противно, но не удивительно, потому что это уже было.

Удивительным, или, если хотите, странным в этой истории было только одно: повод для убийства. А заодно и для взлома квартиры. Если Готовчиц не лжет, то все дело заключалось в каком-то имени. В каком? И что это за имя, которое пытались узнать сначала у Инессы, а потом вломились в квартиру к Готовчицу?

Татьяна очнулась от раздумий и обнаружила, что уже дошла почти до самого дома. Вон и подъезд виден, осталось пройти несколько десятков метров. Но при мысли о пустой квартире ей вдруг стало грустно. Все ее покинули. Стасов занят дочкой, Иришка — своим новоявленным женихом, а она осталась совсем одна, никому не нужная, кроме, может быть, журналистов, которые вдруг увидели в ней лакомый кусочек и вознамерились, как следует его поджарив, преподнести читателям в виде пикантного блюда, обрамленного гарниром из сплетен и домыслов.

Она решила, что домой не пойдет. Пока не пойдет. Прекрасный майский вечер, еще совсем светло, в воздухе приятно переливается свежая прохлада, омывая яркую сочную зелень. А беременным полезно не только ходить, но и дышать кислородом. Татьяна огляделась и заметила симпатичную скамеечку, рядом с которой росли два мощных дуба. Вот там-то она и посидит.

Итак, имя. Пройдем весь путь сначала. Преступникам нужно было некое имя, которое они надеялись найти в записях Инессы. Они его не нашли, поскольку Инесса наделяла своих клиентов выдуманными именами. Тогда они пришли к ней и стали задавать вопросы. Судя по всему, Пашкова не торопилась давать ответ, иначе они не истязали бы ее. Сказала она им в конце концов это имя или нет? Вариант первый: сказала. Тогда зачем они залезли в квартиру Готовчица?

Вариант второй: не сказала. Потеряла сознание, преступники решили, что она мертва, и начали искать заветное имя в записях Готовчица. Чье имя может оказаться в бумагах и Инессы, и ее любовника? Ответ очевиден: имя одного из пациентов профессора. Но тогда возникает другой вопрос: почему Инесса не назвала его? Почему пожертвовала своей жизнью, но сохранила тайну? Ради кого она могла так поступить? Ради человека, который ей очень дорог. Но все свидетельствует о том, что таким человеком в ее жизни был только профессор Готовчиц. Нет, не складывается...

За спиной послышался шум мотора, Татьяна оглянулась и увидела машину, которая остановилась прямо возле ее подъезда. Из машины вышли двое мужчин, один постарше, другой совсем молодой, обвешанный фотоаппаратурой. Остановившись возле подъезда, они стали живо что-то обсуждать, поднимая голову и разглядывая окна. Тот, что помоложе, обернулся, увидел Татьяну, что-то сказал мужчине постарше. Они еще какое-то время посовещались, потом повернулись и дружно двинулись к ней. Примерно на полпути они вдруг убыстрили шаг, и лица их при этом засияли, как медные чайники.

— Простите, пожалуйста, вы — Татьяна Томилина? — запыхавшись, спросил молодой фотограф.

Татьяна попыталась быстро сообразить, не прикинуться ли ей дурочкой, но не успела ничего ответить, как фотограф быстро заговорил:

— Как нам повезло! Мы же специально к вам ехали. Номер дома знали, а номер квартиры нам не сказали. Мы уж собрались по соседям идти, спрашивать, где живет известная писательница. А тут вы сами...

— Что вам угодно? — сухо спросила она.

Общаться с журналистами не было ни малейшего желания. И настроение не то, и после двух последних публикаций симпатии они не вызывали.

— Нам угодно интервью! — резво выпалил молодой.

Но тот, что постарше, осторожно взял его за плечо и отодвинул в сторону.

— Не сердитесь на нас, Татьяна Григорьевна, — мягко сказал он. — Мы не хотели нарушать ваше уединение. Я понимаю, в вашем положении вам хочется покоя и тишины, и наше появление, наверное, вас раздражает. Но я хочу, чтобы вы знали: мы глубоко возмущены тем потоком оскорблений, который сыплется на вас. Мы бы хотели опубликовать совсем другой материал и реабилитировать ваше имя.

— Не надо преувеличивать, — холодно ответила Татьяна. — Речь идет всего о двух статьях, так что о потоке оскорблений говорить, по-моему, преждевременно. Я не нуждаюсь в реабилитации.

— Почему о двух? — удивился журналист. — Их как минимум семь или восемь. Вот, они все у меня с собой, я специально их захватил, чтобы, задавая вам вопросы, дать вам возможность ответить на каждую.

— Восемь? — переспросила Татьяна, с трудом шевеля онемевшими губами. — И что же в них написано?

— А вы действительно не знали? — встрял фотограф. — Что вы, вся Москва только о них и говорит.

Журналист, который постарше, достал из висящей на плече сумки папку и протянул Татьяне.

— Хотите ознакомиться?

— Да, — кивнула она.

— А интервью дадите?

— Не знаю. Сначала я прочту это, а

потом решу. Погуляйте пока, — сказала она таким же тоном, каким иногда выпроваживала из кабинета подследственных со словами «Подождите в коридоре».

Журналист и фотограф послушно отошли на некоторое расстояние и стали что-то обсуждать вполголоса. Татьяна открыла папку и начала читать статьи, заголовки которых были отмечены желтым маркером. С каждым прочитанным абзацем ее охватывали недоумение и обида.

«Книги Томилиной — плохое подражание западным образцам, столь же неумелое, как печально известные «Жигули», которые делались по образцу «Фиата»...» Но она никогда не старалась подражать кому бы то ни было, она писала так, как чувствовала и думала сама. И все ее книги были о России, о сегодняшнем дне, о людях, которые ходят по улицам рядом с нами и пытаются решить свои чисто российские жизненные проблемы. При чем тут западные образцы?

«Госпожа Томилина выпекает свои книжонки как блины, и такая невероятная скорость наводит на мысли о том, что на нее работает целая бригада литературных рабов. Не случайно, наверное, произведения, подписанные ее именем, порой разительно отличаются друг от друга по стилю». Какие рабы? О чем говорит автор этой статьи? Все книги от первой буквы до последней точки написаны ею самой. И множество людей может это подтвердить, да хоть та же Ира, на глазах у которой Татьяна творит свои повести и романы. А что касается стиля, то Татьяна сама стремится писать книги по-разному, чтобы не повторяться. Одни вещи у нее получаются неспешными, задумчивыми и наполненными психологией, другие — динамичными и более крутыми, третьи — таинственными и страшными. Но ведь нельзя все время писать одинаково, это ей самой скучно! И нельзя писать в одном стиле о разных преступлениях и о разных проблемах. А вот теперь это истолковано как признак того, что она пользуется чужим трудом и чужим талантом, присваивает себе чужую славу, и вообще она этой славы совершенно недостойна, потому как произведения ее написаны плохо.

«Вероятно, скоро нам придется распроститься с автором популярных детективов Татьяной Томилиной. Произведения ее раз от раза становятся все слабее и скучнее. Талант, и без того небогатый от природы, постепенно иссякает. Если первые ее книги мы читали запоем, то, взяв в руки ее новые повести, мы с трудом продираемся сквозь путаницу слов и оставляем это бесплодное занятие уже на тридцатой странице, не испытывая ни малейшего интереса к тому, кто же все-таки преступник». Господи, неужели это правда? Но ведь никто ей этого не говорил... Ни Ира, которая читает каждую вещь в рукописи, ни Стасов, ни Настя Каменская, которая (Татьяна это точно знает) читала все ее книги. Может быть, они ее щадили? Но издательство тоже никогда никаких претензий не предъявляло, ее не просили переделать вещь, усилить какую-то линию, что-то убрать, что-то добавить. Это означало, что книги ее по-прежнему раскупаются хорошо и читателям нравятся. Так в чем же дело? Просто в несовпадении вкусов журналистов и читателей? Может быть, и так.

А может быть, журналисты правы, она действительно исписалась, талант, «от природы небогатый», иссяк, и книги ее становятся раз от раза все хуже и хуже.

«Найдется ли кто-нибудь, кто остановит раз и навсегда поток низкопробной литературы, хлынувшей на наши прилавки? Высокое искусство забыто, наших сограждан оболванивают бесконечными триллерами, киллерами, трупами и кровавыми разборками, описанными плохим языком. Впрочем, чему удивляться? Эти новоявленные писатели получают такие гонорары, которые заставляют их выбрасывать на наши головы все новые и новые плоды своего творчества. Яркий тому пример — популярная Татьяна Томилина. По слухам, за каждую свою плохо написанную книгу она получает по пятьдесят тысяч долларов. Кто же откажется от таких денег?»

Она закрыла папку и уставилась неподвижным взглядом в темнеющее небо. Ей было тошно.

— Прочитали? — раздался совсем рядом приятный негромкий голос журналиста, который успел незаметно подойти к ней. — Так как насчет интервью? Мне бы хотелось дать материал, который разом опроверг бы все эти публикации. Показать вас интересным, ярким, талантливым человеком.

Татьяна медленно перевела на него глаза и покачала головой.

— Я не буду давать интервью.

— Но почему? Неужели вам нравится то, что вы прочитали?

— Естественно, мне это не нравится. Я же нормальный человек.

— Тогда почему вы отказываетесь? Вам предоставляется возможность ответить, возразить, реабилитировать себя, — настаивал журналист.

— Я не буду давать интервью, — повторила Татьяна.

Журналист помолчал немного, потом присел на скамейку рядом с ней. Татьяна чуть отодвинулась, такое близкое присутствие чужого человека было ей неприятным.

— Татьяна Григорьевна, выслушайте меня, — заговорил он. — Я читал все ваши книги и являюсь вашим горячим и преданным поклонником. И когда я вижу, что ваши книги называют плохо написанными, я расцениваю это как оскорбление, которое нанесли лично мне. Понимаете? Не вам, автору этих книг, а мне, их читателю. Потому что они мне нравятся, потому что я считаю, что они прекрасно написаны, и вдруг кто-то, кого я не знаю и в глаза не видел, обвиняет меня в плохом вкусе и отсутствии культуры. Вы попробуйте посмотреть на ситуацию с этой точки зрения. Ваши книги отлично раскупаются, и это означает, что нас, ваших почитателей, — сотни тысяч. А те, кто написал вот это, — он кивком головы указал на лежащую у нее на коленях папку, — одним росчерком пера всех нас обидели и унизили только потому, что лично им ваши книги не понравились. Не принимайте это близко к сердцу, журналистов единицы, а нас — целая армия. И от лица этой армии я вас прошу об интервью, в котором вы встанете на нашу защиту.

— Если вас так много, как вы говорите, вы сами сможете себя защитить, — ответила она. — И меня заодно. Но мне кажется, что вы превратно толкуете ситуацию. Если человеку говорят, что у него нет таланта, он не может и не должен себя защищать. Защищать можно доброе имя, репутацию, но не способности. А человек, который борется за то, чтобы его признали талантливым, просто смешон. Человек, который вступает в борьбу с теми, кому не нравятся его творения, не достоин уважения. Вы меня понимаете? Если человек в жизни не взял чужой копейки, а про него пишут, что он вор, он может доказать, что это неправда и вернуть себе доброе имя, потому что сам про себя он совершенно точно знает, что он не вор. Но если про человека говорят, что он плохой писатель и таланта у него нет, то что он должен делать? Доказывать, что он пишет хорошо и талант у него есть? А вдруг он ошибается, а его критики правы? Как он тогда будет выглядеть?

— Вы удивительная женщина, — негромко произнес журналист. — Не понимаю, как вам удается существовать в нашей действительности? Вы пишете прекрасные книги, в вас такое чувство собственного достоинства, и в то же время вы так ранимы и беззащитны. Я очень хотел бы помочь вам. Вы, наверное, страшно одиноки, да?

— Почему вы так решили?

— Талантливые люди всегда одиноки. Им нужно побыть наедине с собой и с Богом, а окружающие этого не понимают, требуют внимания и каких-то повседневных дел, обижаются, лезут в душу, обременяют ненужной суетой. Простите меня за вторжение. Теперь я и сам вижу, что моя попытка взять у вас интервью была глупой и бестактной. Вы очень расстроились?

— Из-за чего? Из-за статей? Да, очень. Но жалеть меня не нужно. Всего доброго.

Она тяжело встала со скамейки и не оглядываясь пошла к подъезду.

Ей снова предстоял одинокий ужин в пустой квартире. Сердце сдавила тоска, Татьяна почувствовала себя всеми брошенной и незаслуженно обиженной. Открыв холодильник, она поняла, что не может ничего есть. Закуталась в плед и легла на мягкий кожаный диван, отвернувшись лицом к стене.

* * *

— Томилина еще раз приходила к психоаналитику Готовчицу. Вероятно, он назначил ей цикл сеансов. Это означает, что проблемы у нее достаточно серьезные.

— Будем надеяться. Как развивается комбинация?

— Отлично! Все идет без сбоев. Она чувствует себя одинокой, у нее опустились руки, она даже не хочет бороться за восстановление репутации. Знаете, есть люди, которые склонны сразу верить любой критике в свой адрес. Томилина, несомненно, принадлежит к их числу. Об этом говорят все ее книги. Опираясь на психологический портрет, воссозданный по ее произведениям, мы выстроили комбинацию, и она дает блестящие результаты. На сегодняшний день Томилина отказывается от помощи, потому что привыкла, что рядом с ней есть люди, которые всегда помогут и поддержат. Она — человек семьи, если вы понимаете, о чем я говорю. Она всегда жила с кем-то, будь то мужья или родственники, она высоко ценит семейное сосуществование и не привыкла к одиночеству. Пройдет еще несколько дней, и она поймет, что заблуждается. Близких людей рядом нет, и помогать ей никто не будет. И тогда она примет ту помощь, которую предложим ей мы.

* * *

Когда открылась входная дверь, Татьяна решила, что пришел Стасов. Еще только половина двенадцатого, Ира вернется со свидания намного позже. Однако она ошиблась, это была именно Ирина.

— Так рано? — удивленно спросила Татьяна. — Только не говори мне, что вы поссорились и ты разочаровалась в своем банкире.

Она и на этот раз легко справилась с тоской и плохим настроением и давно уже сидела за компьютером, работая над книгой и не замечая хода времени. Сегодня был удачный день, текст, по ее собственному выражению, шел легко, пальцы быстро порхали по клавиатуре, и Татьяну охватило уже несколько подзабытое ощущение радости и восторга, когда совершенно понятно, что и как писать дальше, и слова подбираются сами собой точные, емкие и выразительные. Она даже пожалела, что ее творческое одиночество оказалось нарушенным, она могла бы работать еще несколько часов подряд не прерываясь.

Из комнаты ей было слышно, как Ира раздевается. Поскрипывала дверца шкафа, мягко стучала пластмассовая вешалка, звякали бросаемые на туалетный столик украшения. Родственница молчала, и это было необычным и тревожным.

— Ира, что случилось? — крикнула Татьяна. — Почему ты в плохом настроении?

Ирочка появилась в комнате, уже одетая в длинный сиреневый пеньюар, из-под которого сверкали соблазнительно приоткрытые короткой сорочкой стройные ножки. Ее темные большие глаза яростно сверкали на бледном лице со сжатыми губами.

— Где твой муж? — требовательно спросила она.

— У Лили. А в чем дело? Он тебе нужен? И почему такой официоз, почему «твой муж», а не Владик?

— Потому что. Ты уверена, что он у Лили?

— Конечно. Я тебя не понимаю.

— А вчера где он был? Тоже у Лили?

— Тоже. Объясни, будь добра, что происходит. Почему ты такая злая?

— Потому что твой муж нагло обманывает тебя, — звенящим от негодования голосом заявила Ира. — Уж не знаю, где он сегодня, а вот вчера он со своей Маргаритой благополучно сидел в ресторане и развлекался, а вовсе не утешал свое рыдающее чадо.

— Откуда ты это знаешь? Ты его видела?

— Еще чего! — фыркнула Ира. — Если бы я его увидела, я бы ему глаза выцарапала прямо там же, в ресторане. Но ему повезло. Его видел Андрей, а не я.

— Андрей? — переспросила Татьяна. — Это твой жених, что ли?

— Ну да. Ему нужно было заехать в ресторан «Золотой дракон» буквально на три минуты, с кем-то встретиться и взять бумаги. Я осталась в машине, а он зашел внутрь и действительно минут через пять вышел с папкой. А сегодня спросил: «Тот мужчина, который загонял тебя домой, действительно муж твой родственницы?» Я говорю: «Да, муж». Тогда он и сказал, что, мол, странный это муж. Мою нравственность блюдет, а сам поздним вечером по ресторанам с другими женщинами рассиживается. Я спросила, как женщина выглядит, он мне описал ее. Это Маргарита, совершенно точно. Нет, ну как тебе это нравится? Прикрывается Лилей, а сам... Слов нет! Подонок!

Татьяна молча смотрела на экран компьютера и силилась понять, что там написано. Но не могла. Буквы как бы существовали сами по себе, а смысл слов, в которые они складывались, — сам по себе. И смысл этот стал для нее неуловим.

Стасов... Ну как же так? Что же происходит? Ни разу за все время, что они вместе, она не заметила в нем ни малейших признаков чувства к бывшей жене. Он был уже в разводе, когда они познакомились, и нельзя сказать, что Татьяна увела его из семьи, а теперь в нем проснулась тоска по Рите, с которой его насильно разлучили. Все было не так.

Маргарита Мезенцева, по мужу Стасова, была очень красивой женщиной. Была и есть. В мире кино она заслуженно считается одной из первых красавиц. Может быть, все дело в этом? Ему надоела толстая неуклюжая жена, которую беременность отнюдь не украсила. У Татьяны серьезные проблемы с вынашиванием плода, и начиная с четвертого месяца беременности врачи наложили строжайший запрет на интимную близость. А Стасов — здоровый сорокалетний мужчина, у него нормальная, естественная потребность в сексе. Так стоит ли удивляться тому, что его потянуло к бывшей жене?

— Ну что ты молчишь? — сердито заговорила Ира. — Ты собираешься что-нибудь предпринимать или нет?

Татьяна вскинула на нее недоуменный взгляд.

— Что, например? Ты хочешь, чтобы я побежала проверять, действительно ли Стасов сейчас в Сокольниках, у Лили?

— Хотя бы.

— Это невозможно проверить. У него сотовая связь, и он ответит на звонок, где бы ни находился.

— Позвони по телефону Маргариты, — настаивала Ира. — У тебя же есть номер.

— С какой стати? Если я звоню, то звоню своему мужу, а не его бывшей жене. Оставь меня в покое, Ирочка.

— Как это «в покое»? — возмутилась та. — Надо же что-то делать. Нельзя это так оставлять.

— Можно, — Татьяна глубоко вздохнула. — И нужно. Если сегодня ему больше нужна Рита, чем я, то это так, как оно есть, и никакими действиями это невозможно исправить. Все, Ириша, закончим на этом. Ты мне лучше скажи, почему твое свидание сегодня так рано закончилось. У вас разлад?

— Да нет же, это из-за Стасова. Когда Андрей мне сказал, что видел его в ресторане, я так разозлилась... Прямо не знаю. Места себе не находила. Все не в радость стало.

— Глупенькая, — Татьяна слабо улыбнулась, — нашла, из-за чего переживать. Все образуется, милая, перестань нервничать. Прими душ и ложись спать. Завтра у тебя опять день любви?

— Нет, завтра в первой половине дня перерыв. У него же уйма дел, просто удивительно, что он находит столько времени для меня. Таня, ты что, совсем не расстроилась?

— Расстроилась, — спокойно призналась Татьяна. — Но это не означает, что жизнь должна остановиться. Ложись, а я еще поработаю.

— Я бы на твоем месте тоже легла спать, — авторитетно посоветовала Ирочка. — Нечего показывать ему, что ты его ждешь. Вот он видит, что ты всегда его ждешь, когда бы он ни заявился, и думает, что он тебе безумно нужен и никуда ты от него не денешься. А ты покажи ему, что ты его совсем не ждешь и не очень-то в нем нуждаешься. Может, он одумается.

— Это детский сад, Ира, — недовольно поморщилась Татьяна. — Я в эти игры давно уже не играю.

Ирочка недовольно передернула плечами и ушла на кухню инспектировать холодильник. Через минуту оттуда донесся ее сердитый звонкий голосок.

— Ты опять ничего не ела! Таня, ну как так можно?! Я стараюсь, готовлю, продукты покупаю самые свежие, стою у плиты как дура, а ты ничего не ешь, и все пропадает. Как тебе не стыдно? О себе не думаешь, так хоть о ребенке позаботься!

— Оставь меня в покое! — внезапно заорала Татьяна. — Не трогай меня!

И тут же устыдилась своей вспышки. Но было поздно. Из кухни донеслись всхлипывания, быстро перешедшие в рыдания. Татьяна так и сидела перед компьютером, не в силах пошевелиться. Все рушится. Стасов отдаляется от нее. Этого следовало ожидать, очень часто между супругами становятся дети от предыдущего брака. Ира увлечена новым любовником и собирается замуж. Понятно, что при муже-банкире она ни при каком раскладе не останется жить здесь, с Татьяной. Писательская карьера тоже дала трещину. Может быть, правы журналисты, она действительно бездарь, непонятно как выплывшая на книжные прилавки? Что же ей остается? Родить ребенка и растить его в чужом городе, без близких и друзей, а вполне вероятно, и без мужа. Если не будет рядом Ирочки, то ни о каком выходе на службу сразу же по окончании периода кормления грудью не может быть и речи. Придется брать отпуск на три года и сидеть с ребенком, заперев себя в этой пустой квартире. Все рушится. Все рушится...

Ей так хочется работать. И так хочется писать книги. И жить в семье, в окружении любящих и любимых людей. Но ничего этого не будет. И зачем она послушалась Стасова и переехала в Москву? Обратно пути нет, квартира в Петербурге продана. Да и не хочется возвращаться и проситься на работу, расписываясь в ошибочном решении. Придется терпеть.

Что там говорил этот журналист? Что поклонников Татьяны Томилиной — сотни тысяч? Что им нравится, как она пишет, что они глубоко оскорблены критическими публикациями в прессе. Сотни тысяч... Пусть не друзей, но людей, которым ее судьба хотя бы небезразлична. Людей, которые ее любят и ждут новых книг. Разве она может их обмануть? Нет, не может. Она будет писать свои книги и со страниц этих книг разговаривать с ними, своими читателями. Она расскажет им о тоске и одиночестве, о своих горестях и радостях. И они ее услышат. Что говорил этот журналист? Что талантливый человек обязательно одинок? Ну что ж, значит, она не талантливый человек. Потому что она никогда не будет одинокой, пока существуют люди, которые читают ее книги. Эти люди поймут, как ей плохо, и простят, если книга окажется не очень удачной. У всех творцов бывают произведения посильнее и послабее, это естественный ход жизни, абсолютно ровного творчества не бывает. Потому что творец такой же человек, как и все остальные, может быть, чуть больше одаренный от природы, но во всем остальном — точно такой же. Он болеет, страдает, радуется, у него бывают приливы сил и случаются депрессии. Она, Татьяна Томилина, будет разговаривать со своими читателями при помощи своих книг, расскажет им все, и они поймут. Порадуются ее удаче и простят неудачу. Собственно, именно так и поступают друзья. Кто сказал, что она одинока? У нее тысячи друзей. Сотни тысяч. Надо только уважать и любить их, и они не подведут.

Татьяна встала из-за стола и решительно направилась на кухню, где Ирочка рыдала, уронив голову на руки.

— Прости, милая, — сказала она. — Я не сдержалась. Я не хотела тебя обидеть. Ну-ка прекращай плакать, все отлично, и жизнь по-прежнему прекрасна. Ты скоро выходишь замуж, и давай вместе будем этому радоваться. Пригласи к нам своего жениха, я хочу посмотреть, в какие руки тебя отдаю.

Ирочка подняла опухшее от слез лицо, покрытое красными пятнами.

— Что ты на меня кричишь? — сказала она дрожащим голосом. — Что я тебе сделала? Я стараюсь заботиться о тебе, а ты...

— Ну прости, родная. Я же извинилась. Ты должна быть снисходительна ко мне, беременные женщины страдают вспышками раздражения.

Татьяна присела рядом и ласково обняла ее. Ирочка все еще дрожала, но плакать уже перестала. Надувшись, она отвернулась и смотрела в сторону.

— Ирусик! — Татьяна шутливо пощекотала ее по шее. — Перестань дуться и улыбнись немедленно. Бери пример с меня. Муж мне изменяет, журналисты меня ненавидят и разделывают под орех, но я бодра и весела, как будто ничего не случилось.

— Как же, не случилось... — пробормотала Ирочка, все еще глядя в сторону.

— Именно: не случилось. Ирка, я за свою следственную жизнь видела столько горя и смерти, что то, что происходит сейчас со мной, это полная ерунда. Запомни, девочка моя: горе — это неизлечимая болезнь или смерть близких. Только это, потому что это невозможно исправить. Все остальное — просто неприятности большей или меньшей степени тяжести и сложности. Из них можно выйти. Выхода нет только из небытия. Вот я на тебя накричала, а ты уже плачешь, как будто у тебя горе. Какое же это горе? Это так, маленькое недоразумение. Я извинилась, ты меня простила — и все, инцидент исчерпан. И нечего тратить на это такое безумное количество нервных клеток.

Ира наконец повернулась к ней и уткнулась лицом в мягкую грудь Татьяны.

— Как у тебя все просто, — вздохнула она. — Я так не умею.

— А ты учись, пока я жива, — засмеялась Татьяна. — Давай лучше поужинаем, что-то я есть захотела.

Ирочка тут же вспорхнула с диванчика и захлопотала у плиты. Татьяна с улыбкой наблюдала за ней, обдумывая следующий эпизод в своей ненаписанной книге.

* * *

Работа по раскрытию убийства сотрудников программы «Лицо без грима» Виктора Андреева и Оксаны Бондаренко прочно увязла, как в мокром песке. С того момента, как стало известно, что за показ программы в эфире вымогались деньги, на причастность к преступлению стали отрабатываться все гости программы и их связи. Но гостей было великое множество, за год — двести пятьдесят человек, и хотя все они были известны поименно, отработка каждого требовала массы времени и сил.

— Придется брать за жабры господина Уланова, — со вздохом решил следователь, — хоть и не хочется мне этого делать. Не в моих правилах заставлять людей давать показания против самих себя, это означает, что я никудышный профессионал и не могу раздобыть нужные сведения никаким другим путем. Но делать нечего, без Уланова мы не узнаем, с кого именно брались деньги, а отрабатывать всех — задача непосильная.

— Давайте я допрошу его. Дайте мне поручение, — предложила Настя.

— Что, своих дел мало? — с усмешкой осведомился следователь. — В бой рвешься?

— У меня есть о чем поговорить с Улановым, — сказала она. — Заодно и об этом спрошу.

— Валяй, — согласился он.

На этот раз Настя не пошла ни на какие компромиссные варианты типа «встретимся на полдороге, где вам удобно» и твердым тоном попросила Уланова приехать на Петровку. Она очень тщательно готовилась к разговору, по десять раз пересматривая и переделывая план беседы, уточняла список вопросов, которые необходимо задать.

Уланов приехал с опозданием минут на сорок, но Настя решила сделать вид, что не обратила внимания. Она снова подивилась тому, как быстро меняются люди. Недавно только в ее кабинете сидела разительно изменившаяся Виктория Уланова, а теперь вот ее муж (кажется, бывший?) тоже предстал в совершенно новом обличье. Никакой замкнутости, ни следа подавленности или самоуглубленности. Перед ней стоял жизнерадостный и уверенный в себе человек, смотрящий вперед с неизбывным оптимизмом и вполне довольный жизнью.

— Это развод на вас так подействовал? — поинтересовалась она.

Реакция Уланова показалась ей какой-то неестественной. Он вздрогнул, как вздрагивают люди при упоминании опасных тем, которых хотелось бы избежать.

— Развод? — зачем-то переспросил он, будто не понимая, о чем это она. — А, да. Конечно. Откуда вам известно, что я развелся?

— А это что, тайна? — удивилась она. — Кстати, Александр Юрьевич, я буду вам весьма признательна, если вы назовете имя своей будущей жены.

Он высокомерно приподнял брови, всем своим видом выказывая недоумение.

— Зачем? Это мое личное дело.

— Вы ошибаетесь. Наши сотрудники провели огромную работу среди ваших коллег по программе и по всей продюсерской фирме. Выясняли характер и образ жизни каждого. И никто ни словом не обмолвился о том, что у вас серьезный роман вне брака. Я бы хотела, чтобы вы мне это как-то объяснили.

— Я не буду ничего вам объяснять, — ледяным тоном заявил он. — Мои отношения с этой женщиной — это мое личное дело, и ничего удивительного, что никто о них не знал. Об этом как-то не принято кричать на всех углах.

— И снова вы ошибаетесь, — терпеливо возразила Настя. — Каждый человек в подобной ситуации полагает, что никто не знает о его отношениях с любовницей, а на самом деле об этом знают все или почти все, просто ему об этом не говорят. Есть множество мелких примет, по которым определяется наличие романтических отношений, а люди далеко не слепцы, уверяю вас. Так вот, никто из ваших собратьев по телевидению ни разу никаких таких примет не заметил. И я вынуждена сделать вывод, что вы особо тщательно охраняли тайну вашего романа. А теперь встаньте на мое место и представьте себе, что вы раскрываете убийство Андреева и Бондаренко. Все как на ладони, и только у одного фигуранта есть какая-то тайна. Вас бы это заинтересовало?

— Я не стою на вашем месте, — сухо сказал Уланов. — И прекрасно чувствую себя на своем. Раскрытием убийства занимаетесь вы, а не я. Не пытайтесь переложить на меня ваши собственные проблемы.

— Это не мои проблемы, Александр Юрьевич. Это ваши проблемы. Вы же понимаете, что установить личность этой женщины для нас не представляет никакой сложности. Привлечем службу наружного наблюдения, походим за вами два-три дня — и все узнаем. А вот ваше упорное нежелание ее назвать меня настораживает. И я начинаю думать, что с именем этой дамы связано что-то касающееся убийства ваших коллег. Попробуйте меня разубедить.

— Но это полная чушь! — возмутился он. — Как вам такое в голову пришло?

— Пришло, как видите. И не уйдет оттуда, пока вы молчите.

Она собралась уже произнести следующую фразу, как зазвенел телефон. Это был Гордеев.

— Настасья, ты одна?

— Нет.

— Выйти не можешь?

— Не хотелось бы.

— Но к тебе можно зайти?

— Конечно.

— Сейчас Игорь зайдет с таблицей, туда надо вписать две цифры. Это срочно, начальство ждет документ. Сделаешь?

— Конечно, — коротко повторила она. — Пусть заходит.

Пока она разговаривала, Уланов расслабился. Он до такой степени не чувствовал опасности, что даже не прислушивался к тому, что она говорила по телефону. Может быть, он и вправду не имеет к убийству никакого отношения? Уж очень он благодушен. Настю не обманул его холодный сухой тон, это была обычная манера вести себя, присущая людям высокомерным, которые априори считают окружающих значительно глупее себя. Это высокомерие не было проявлением враждебности, Уланов действительно не чувствовал опасности, не нервничал и не напрягался. Кажется, она напрасно тратит время с ним. Впрочем, есть ведь поручение следователя, и надо узнать поименно всех тех, с кого Андреев вымогал деньги, чтобы очертить круг подозреваемых.

Лесников появился спустя несколько секунд после того, как она положила трубку. Уланов со спокойной улыбкой оглянулся на вошедшего.

* * *

Я увидел его и остолбенел. Хорошо, что я в этот момент сидел на стуле, а не стоял. Наверняка упал бы. Что здесь делает этот тип? Наверное, его тоже вызвали на допрос. У меня пытаются выведать имя моей несуществующей будущей жены, и вполне логично, что так же пристально изучают личную жизнь Вики. Вот и до ее хахаля добрались.

Это была первая моя мысль, когда я увидел в дверном проеме стройную фигуру этот лощеного красавчика. Но вторая мысль совершенно завела меня в тупик.

Я ничего не понимал. Почему он протягивает Каменской какие-то бумаги? Она открыла сейф, достала папку, полистала ее, положила на стол, прижимая ноготь к строчке, вписала в принесенный документ шестизначное число. Потом снова полистала папку, вписала еще одну цифру. Красавчик поблагодарил и вышел из комнаты. Неужели я ошибался, и Викин любовник вовсе не провинциальный искатель богатеньких столичных штучек, а работник МУРа? Впрочем, кто сказал, что в МУРе не работают провинциалы, желающие получше устроиться?

Это объяснение меня не удовлетворило. Я хотел ясности. Неужели Вика могла иметь любовника-милиционера и связаться с наемным убийцей? Это же верх неосторожности. Она никогда бы так не поступила. А если милиционер-любовник в курсе? Значит, он не милиционер, а оборотень, безнравственное существо, которое не имеет права здесь работать. Господи, да мне-то какое дело? Пусть живут как хотят и сами борются со своими врагами. И все-таки я не удержался.

— Кто это? — спросил я у Каменской.

— Наш сотрудник. А что, вы его знаете?

— Нет. То есть... Мне кажется, у него роман с моей женой. С бывшей женой, — тут же поправился я.

— Этого не может быть, — спокойно сказала она. — У него прекрасная семья, и он очень привязан к своей жене. Вы ошибаетесь, Александр Юрьевич.

— Да нет, — усмехнулся я, — на этот раз не ошибаюсь. Я совершенно точно знаю, что он завел шашни с Викторией.

Я говорил какие-то глупости, даже не слыша самого себя, потому что судорожно пытался сопоставить одно с другим. Он женат? Тогда зачем ему Викина квартира и Викины деньги? Что он будет с ними делать? Покупать модную одежду? Он не сможет объяснить жене ее происхождение, а значит, не сможет носить. Автомобиль он тоже не купит, потому что об этом сразу же станет известно налоговой инспекции, и ему придется объяснять, откуда у него такие деньги. И отношения с Викой моментально выплывут наружу. Скорее всего он собирается разводиться и увольняться из милиции. Тогда это хоть как-то можно объяснить.

— Игорь встречался с Викторией Андреевной один-единственный раз, — сказала Каменская. — Он опрашивал ее, выясняя подробности о вас лично и о вашей работе, а также об Андрееве и Бондаренко. Разве она вам не рассказывала?

— Нет, — растерянно ответил я. — Когда это было?

— Сейчас скажу точно.

Она снова открыла сейф, достала другую папку и вытащила из нее листок. Назвала дату и место встречи. То самое место, где мы с Викой так любили пить кофе и где я впервые увидел ее с любовником. Якобы с любовником. Что ж, значит, настоящего любовника я еще не видел. Любопытно было бы взглянуть, ради чьих роскошных гениталий принесены такие жертвы.

— Александр Юрьевич, вернемся к нашим делам. Мне нужен точный перечень тех людей, за передачи с участием которых Андреев брал деньги.

Я оторопел. Откуда она узнала? Глупо делать вид, что не понимаешь, о чем она говорит. Раз говорит, значит, уже знает.

— Это трудно, — уклончиво ответил я. — Виктор никогда этого не говорил нам. Просто один раз в месяц раскладывал деньги по конвертам и раздавал нам. Мы не спрашивали его, чьи это деньги, потому что он все равно не сказал бы.

По ее лицу я видел, что она мне не верит. Ну и пусть не верит. Она все равно не докажет, что я лгу. Конечно, я знал, за кого конкретно получены деньги. Но признаться в этом было для меня равносильно признанию в прямом соучастии. Почему-то мне казалось, что выглядеть неосведомленным в данном случае лучше.

— Послушайте меня, пожалуйста, — сказала она. — Недавно ко мне приходила ваша жена, Виктория Андреевна. Она очень обеспокоена. Ей кажется, что против вас в прессе начата кампания, и организовали ее те, кто платил деньги за показ передачи в эфире. Виктория Андреевна хочет найти этих людей и предложить им отступные. Иными словами, она хочет вернуть им деньги, чтобы они оставили вас в покое и не ломали вашу карьеру тележурналиста. Вы, Александр Юрьевич, должны отдавать себе отчет в том, что если она сумеет это сделать, то останется, образно говоря, голая и босая и без крыши над головой. Намерения у нее твердые, настроена она весьма решительно и готова продать все, вплоть до квартиры, чтобы рассчитаться с ними. Я же, со своей стороны, уверена, что эти люди причастны к убийству ваших коллег. И я их найду. Просто если вы мне поможете, я это сделаю достаточно быстро, если же вы будете по-прежнему хранить молчание, нам придется отрабатывать всех гостей вашей передачи подряд, и это займет очень много времени.

А пока мы будем мучиться с этим немереным списком, Виктория Андреевна найдет их и расплатится с ними. Вы ушли от нее, создав новую семью, а она осталась ни с чем исключительно из желания вас спасти. Я все сказала, господин Уланов. А теперь я хочу выслушать вас.

— Это ложь!

Я выпалил первое, что попалось мне на язык. На самом деле я сказал то, что думал, другое дело, что, может быть, не надо было этого говорить. Но я не справился с собой. Слишком быстро все происходит, я не успеваю перестроиться с одной правды на другую и от этого теряю способность соображать.

— Что — ложь? — вежливо осведомилась Каменская. — Вы полагаете, что я вас обманываю?

— Нет, это Вика вас обманула. Ничего этого не может быть.

— Зачем же она это сделала? Зачем ей было приходить сюда и обманывать меня? Я жду ваших разъяснений, Александр Юрьевич.

В самом деле: зачем? Я ничего не понимаю. Все, что еще полчаса назад казалось мне понятным и точно установленным, перевернулось с ног на голову. Или с головы на ноги?

— Вы говорите, она готова отдать все деньги и даже продать квартиру?

— Да, так сказала Виктория Андреевна.

— Но почему? Зачем ей меня спасать, если я с ней развелся? По-моему, это глупо.

Я демонстративно пожал плечами, подчеркивая полную абсурдность Викиного поведения.

— Она любит вас. Ей было непросто в этом признаться, но она понимала, что, если не объяснит мотивов своих поступков, я тоже ей не поверю, как не верите вы. Она очень вас любит, и ей небезразлично, что будет с вашей жизнью дальше.

— Она так сказала? — тупо переспросил я.

— Да, она так сказала. Так как, Александр Юрьевич, вы готовы оставить без гроша женщину, которую вы бросили и которая вас любит? Или в вас все-таки еще осталось что-то мужское?

И внезапно я поверил ей, этой невзрачной женщине, сидящей напротив меня за столом с сигаретой в руках. Она смотрела прямо мне в лицо своими светлыми глазами, и я ничего не мог с собой поделать. Я ей верил. Но я сопротивлялся этому изо всех сил.

— Вика обманула вас, — сказал я. — У нее есть любовник, и она искренне рада, что я развелся с ней.

— У нее нет любовника, — тихо сказала она, не отводя от моего лица взгляд светлых глаз и почти не шевеля губами. — Мы, Александр Юрьевич, хоть и плохие, но все-таки профессионалы, и за вашей женой мы наблюдали, поскольку не исключали ее причастности к махинациям с вымогательством денег. И я могу сказать вам совершенно точно, что никакого другого мужчины, кроме вас, в ее жизни нет.

— Этого не может быть, — прошептал я.

— Почему? Почему вы так уверены, что Виктория Андреевна вам изменяла? Вам кто-то сказал об этом?

Кто-то сказал? Да, мне сказали. Все сказали. Но я молчал, потому что, во-первых, хотел остаться в живых, а во-вторых, не хотел отправлять Вику за решетку. И что же получается?

...Это случилось в тот день, когда я впервые побывал на Петровке сразу после убийства Вити и Оксаны. Меня тогда долго допрашивали, и на улицу я вышел совершенно вымотанный. Не успел я пройти и двух шагов по тротуару, как на меня налетел приятного вида молодой человек.

— Александр Юрьевич! Хорошо, что я успел вас поймать. Надо же, еще минута — и разминулись бы.

Я с недоумением смотрел на него, пытаясь вспомнить, кто он такой и знакомы ли мы вообще. Он представился, назвал звание и фамилию. Капитан такой-то из РУВД Северо-Восточного округа. Фамилия у меня тут же выветрилась из головы.

— Я узнал, что вы сегодня будете на Петровке, — быстро заговорил капитан, — и специально приехал, чтобы с вами побеседовать. Но раз вы уже закончили... Не возвращаться же. Давайте поговорим прямо здесь. Не возражаете?

Я не возражал. Я смертельно устал и перенервничал, и мне хотелось как можно быстрее вернуться домой.

— Дело в том, что мы проводили операцию по поимке киллера, на совести которого много убитых людей. Мы знали, что он чрезвычайно осторожен и вооружен, поэтому прежде чем приступать к захвату, некоторое времени следили за ним. К сожалению, не все получается так, как нам хочется, и при захвате он погиб. Взять его живым не удалось. Но при нем оказался список некоторых имен, мы полагаем, что это список его заказов на ближайшее время.

Он сделал паузу, глядя на меня, будто пытаясь убедиться, что я понимаю его рассказ. Я кивнул, показывая ему, что можно продолжать, хотя и не понимал, к чему он все это мне рассказывает.

— Пока мы следили за ним, этот киллер вступал в контакт с разными людьми, в частности, с Викторией Улановой, вашей женой. Но вы должны понимать, что отличить случайный контакт от запланированной встречи очень трудно, если сама эта встреча организована именно как случайный контакт. Вы понимаете, о чем я говорю? Например, один человек подходит к продавцу газет в подземном переходе и покупает два экземпляра «МК». Почему два экземпляра? Это пароль, или он покупает две газеты, потому что его товарищ по работе попросил ему тоже купить? Ваша жена подошла к человеку, за которым мы следили, и попросила разменять пятидесятитысячную купюру. Случайный это контакт или нет, мы не знаем. Но если предположить, что ваша жена каким-то образом причастна к заказу на чье-то убийство, то спрашивать об этом у нее самой нельзя, можно спугнуть. Поэтому я бы хотел, чтобы вы взглянули на найденный нами список и сказали, нет ли там имени, которое вам знакомо.

— Давайте, — кивнул я, полностью уверенный, что ничего интересного в этом списке нет.

Но я ошибся. Только взглянув на бумажку, в которой было написано четыре имени, я сразу увидел слово «Стрелец». Именно так называли меня наши с Викой сокурсники. С одной стороны, я был нищим студентом и постоянно стрелял у ребят сигареты и трешку до стипухи. С другой, я был Стрельцом по гороскопу, и прозвище приклеилось ко мне намертво. Вика до сих пор называла меня так. Подошла и попросила разменять пятьдесят тысяч... А в результате мое имя оказалось в списке киллера.

— Нет, — дрогнувшим голосом сказал я, — эти имена мне ничего не говорят.

— Вы совершенно уверены?

— Совершенно уверен. Я не знаю этих людей. Вероятно, встреча с моей женой была случайной.

— Да, наверное, — капитан с забытой мною фамилией огорченно вздохнул. — Вся беда в том, что у нас есть точная информация о передаче этих заказов. Тот киллер, за которым мы следили, почуял опасность и был готов к тому, что мы в любой момент попытаемся его задержать. А у них контора серьезная, все организовано, и он позаботился о том, чтобы заказы передали другому исполнителю. Вот только мы не знаем, какому. Если бы не это, можно было бы вздохнуть спокойно и ни о чем не волноваться. Киллер мертв, и люди, на которых выписали контракты, останутся живы. А так нужно ждать, что заказы будут выполняться. Ладно, Александр Юрьевич, простите, что задержал вас.

— Ничего, — великодушно ответил я.

В душе моей разлился мертвенный холод. Еще десять минут назад я был жив. Страдал, переживал из-за гибели Вити и Оксаны, чувствовал усталость, стремился домой к Вике. А теперь я умер...

* * *

— Как вы могли поверить в такую чушь?

Настя внимательно выслушала Уланова, не переставая удивляться доверчивости людей. У убитого при задержании киллера найдена бумага со списком заказов. Кино про шпионов! Да ни один уважающий себя наемник не будет держать такую бумагу при себе. И вообще не будет ее хранить. Координаты своих жертв он должен помнить наизусть. А если он не уважающий себя киллер, а так, салага с пушкой в кармане, то он, во-первых, не почует опасность и, во-вторых, не будет заботиться о том, чтобы передать заказы преемнику. У него просто нет преемника, он не принадлежит ни к какой организованной группировке, потому как салага и дурак. И в-третьих, если уж он передал заказы, потому что почувствовал запах паленого, то зачем ему вообще эта бумажка? Тем более если он ожидает в любой момент задержания, то нельзя ее хранить при себе. Чепуха полнейшая. Набор информации, под которым нет знания элементарных вещей. Только дилетант мог все это выдумать.

Но эти аргументы — для Уланова. Потому что для самой Насти Каменской существовал совсем другой аргумент. Ничего этого не было. Никакой операции по поимке киллера в Северо-Восточном округе в апреле этого года не было. И вся эта история — сплошное вранье.

Но кто ее выдумал и зачем?

ГЛАВА 19

Татьяна Образцова была следователем до мозга костей. И это означало не только безусловную преданность своей службе. Вся ее душа, весь образ мысли как от чумы шарахались от понятий «верю — не верю» и тем более от таких источников информации, которые в народе принято называть «ОБС», или «Одна Бабушка Сказала». Она признавала только слова «доказано — не доказано». И не терпела никаких неясностей. Разумеется, она была женщиной, к тому же личностью творческой, и эмоции были ей вовсе не чужды, она обижалась, сердилась, тосковала, горевала, расстраивалась ничуть не меньше, чем другие, но прежде чем впадать в пучину депрессии, считала необходимым прояснить все до конца.

Поэтому утром, дав пришедшему поздно ночью Стасову как следует выспаться, задала вопрос:

— Ты был на днях в ресторане «Золотой дракон»?

Спросила спокойно, без напряга в голосе и без прокурорски-пристального взгляда, как спрашивала пять минут назад, хочет ли он на завтрак картофельные пирожки или лучше сварить сардельки и сделать овощной салат.

И Стасов ответил точно так же спокойно:

— Нет, не был. А в чем дело?

— Мне сказали, что тебя там видели.

— Обознались.

Он пожал могучими плечами и отправился в ванную умываться и бриться. Выйдя оттуда минут через пятнадцать и усаживаясь за накрытый стол, он спросил:

— А что там с «Золотым драконом»? Кому я померещился?

Татьяна отметила это про себя как хороший признак. Муж не избегает опасной темы и не радуется втихаря, что торпеда мимо прошла, а вместо этого сам возвращается к выяснению.

— Померещился не только ты, но и твой пиджак, твоя рубашка и даже твоя зажигалка «Ронсон», а также внешность твоей спутницы, которая почему-то ужасно похожа на Маргариту Владимировну Мезенцеву. Стасов, я не прошу, чтобы ты мне что-то объяснял или оправдывался. Я только хочу знать, правда это или нет.

Он медленно положил вилку на стол, отодвинул от себя тарелку и встал. Татьяна стояла по другую сторону стола, глядя на него вопросительно, но вовсе не тревожно.

— Кто тебе это сказал?

— А это важно? — ответила она вопросом на вопрос.

— Важно. Я хочу знать, кто и зачем тебя обманул. Я, знаешь ли, как-то слабо верю в такие комплексные галлюцинации. Человек не просто обознался, увидев похожее лицо, он еще одежду увидел, мою спутницу и даже зажигалку. Либо это злая и неумная шутка, либо кто-то намеренно вводит тебя в заблуждение. С какой целью? И кто этот доброжелатель?

— Ирочкин жених. Он видел тебя тогда у подъезда, помнишь? И узнал.

— Повторяю, — голос Стасова стал металлическим и жестким, — он не мог меня узнать. Потому что меня в этом ресторане не было. Ни несколько дней назад, ни месяц назад, ни вообще когда бы то ни было. Я никогда не бывал в нем и знаю только, что он находится в районе трех вокзалов, на Каланчевке.

Татьяна тяжело опустилась на стул, машинально придерживая живот рукой.

— Ты хочешь сказать, что с этим банкиром что-то не так? Сядь, пожалуйста, мне неудобно на тебя смотреть, когда ты так возвышаешься надо мной.

Стасов послушно сел и снова придвинул к себе тарелку. Никто и ничто не могло повлиять ни на его крепкий сон, ни на здоровый аппетит.

— Таня, мы непростительно увлеклись собственными проблемами и совершенно выпустили Иру из рук. Давай скажем себе честно: мы оба чувствовали себя виноватыми за то, что сорвали ее из Питера и разрушили ее налаженное существование, сделав, по существу, домработницей. Поэтому мы так обрадовались, что у нее складывается какая-то личная жизнь и появляются перспективы удачного брака. Нам казалось, что этим наша вина как бы искупается. Я прав?

— Ты прав, — со вздохом ответила Татьяна. — Ирка сама говорила, что, если бы не переезд в Москву, она никогда не встретила бы свое сокровище, а я радовалась, что она думает именно так, потому что этим как бы умаляется наша с тобой вина.

— Вот именно. Можно мне еще пирожок? Обалденно вкусно. Так вот, я продолжаю свой страстный монолог. Мы с тобой даже не удосужились поинтересоваться личностью этого жениха, настолько наша радость за Иришку затмила все на свете. Кто бы он ни был, лишь бы она была счастлива. А она счастлива, это несомненно. Не исключаю, что мы с тобой познакомились бы с ним только на свадьбе. Я каждый вечер провожу с дочерью и скоро вообще уеду с ней на юг, ты поглощена мыслями о нашем будущем малыше, и интерес к новоявленному жениху у нас отошел на задний план. Ну есть он — и слава Богу, пусть нашей Ирочке будет хорошо. Танюша, я старый опер, и мне это все ужасно не нравится.

— А я молодой следователь, — она улыбнулась и ласково дотронулась до его руки, — но мне тоже почему-то это не нравится. Скажи, пожалуйста, у Маргариты Владимировны есть брючный костюм-тройка от Версаче, черный с тонкой белой полоской?

— Понятия не имею. А что?

— А то, что в ресторане она была якобы в нем. Глазастый у нашей девочки жених, с первого взгляда определил, что костюм от Версаче. Я, например, не смогла бы. А ты?

Стасов взглянул на часы и потянулся к телефону.

— И я не смог бы. Давай спросим у Риты, чего проще-то.

— Может, не стоит? — засомневалась Татьяна. — Неудобно как-то.

— Перестань, — отмахнулся Стасов, набирая номер. — Неудобно не понимать и теряться в догадках. А знать всегда удобно. Или мы с тобой не милиционеры? Лиля? Здравствуй, доченька. Как ты спала? Хорошо? Умница. В школу собираешься? Молодец. А мама где? Спит еще? Ушла? Куда же это она в такую рань умчалась? А, понятно. Котенок, у меня к тебе просьба. Открой, пожалуйста, шкаф, где висит мамина одежда, и посмотри, есть ли там черный костюм с брюками. Нет, ты все-таки посмотри.

Он прикрыл трубку ладонью и прошептал:

— Лилька говорит, что смотреть не надо, она и так знает, что у мамы есть черный брючный костюм.

Пауза длилась недолго. Видимо, Лиля снова взяла трубку.

— Есть? А цвет какой? В полоску? А полоска какая, тонкая или широкая? Ясно. Это тройка или двойка? Ну, там только пиджак и брюки или еще жилетка есть? Есть жилетка? Замечательно. Возьми пиджак в руки, пожалуйста. А я сейчас скажу, что надо делать. Посмотри с изнанки там, где воротник. Видишь ярлычок? И что там написано? Я понимаю, что не по-русски. Ты же в школе учишь английский, вот и читай, как будто это по-английски написано. Спасибо, котенок, ты нас очень выручила. Ну, беги в школу, а то опоздаешь. Да, постой, еще один вопрос. Мама часто этот костюм надевает? Что? Недавно купила? Ах вот оно что... Хорошо, доченька, целую тебя.

Он положил трубку и задумчиво поглядел на жену.

— Интересное кино у нас с тобой получается, Татьяна Григорьевна. Черная брючная тройка от Версаче у Риты есть. Но никто не мог ее видеть в этом костюме, потому что он куплен совсем недавно и она ни разу в нем никуда не ходила. На нем еще бирки неотрезанные висят.

— Но тем не менее кто-то знает, что этот костюм у нее есть. Кто-то, кто вхож в дом и кому она хвастается покупками. Подруга? — предположила Татьяна.

— Возможно, — согласился Стасов. — Какие еще предположения?

— Или человек, который видел, как она его покупала. Продавец, например, или покупатель, который в это время находился в магазине.

— Принято. Спасибо, Танюша, все было очень вкусно. Я помчался на работу, вечером заеду в Сокольники и выясню у Риты, кто знал про костюм.

— Ты лучше про Иришкиного жениха разузнай. Уж больно у них все ладно выходит. В наше время так не бывает, прекрасных принцев сейчас не делают.

— Как это? — возмутился он. — А я? Не прекрасный принц, что ли? Обижаешь, хозяйка.

— Ты не принц, Стасов, — Татьяна легко рассмеялась, чувствуя, как груз ревности и тоски сваливается с ее души. — Ты мой любимый муж, и этого достаточно.

Проводив мужа, она некоторое время позанималась домашними делами, стараясь ступать на цыпочках и не шуметь, чтобы не разбудить Иру, которая после вчерашнего бурного объяснения и истерики долго не могла уснуть и успокоилась только ближе к рассвету. Перемыла оставшуюся с вечера посуду, замочила в отбеливателе белые рубашки и белье Владислава, вымыла зеркала в ванной, после чего решила сходить в магазин. В принципе можно было бы этого и не делать, все необходимые продукты в доме есть, тем более Ира сегодня никуда не уходит и, если нужно, сделает все покупки сама. Но ей хотелось выйти на улицу, пройтись по свежему воздуху. Внезапно она поняла, что хочет мороженого. Огромный торт-мороженое с миндалем, политый шоколадным сиропом, так явственно встал перед ее глазами, что слюнки потекли. Татьяна знала, что как раз такие торты продаются в магазине в двадцати минутах ходьбы от дома.

Она вышла на балкон, чтобы определиться с одеждой. Теплый плащ сегодня явно лишний, она в нем упарится. Но в юбке и свитере будет, пожалуй, холодновато. Надо бы накинуть тонкую ветровку, на всякий случай, простуда сейчас ей совсем не нужна.

Однако выйдя в прихожую, Татьяна вспомнила, что красивая белая с синим ветровка висит в шкафу, который находится в комнате, где спит Ира. Переезжали в новую квартиру ранней весной, ветровка была не нужна, и ее повесили вместе с остальными «неходовыми» на тот момент вещами в большой шкаф. Будить родственницу не хотелось, и Татьяна огляделась в поисках чего-нибудь подходящего. На вешалке висел тонкий кожаный плащик, принадлежащий Ире, но Татьяна в него ни при каких условиях не влезет, все-таки у Ирочки сорок шестой размер, а у нее... Лучше не вспоминать. Тут же висела и куртка Стасова, если отстегнуть «молнию» и снять теплую подстежку, получится вполне подходящая ветровка. Цвет, правда, мрачный, и покрой мужской, да и великовата она для Татьяны, Стасов-то почти двухметровый гигант, и плечи соответствующей ширины, и руки куда длиннее, но это лучше, чем ничего.

Накинув куртку поверх юбки и джемпера, Татьяна взглянула на себя в зеркало и не смогла удержаться от улыбки. Вид у нее, как у беженки, ночующей на вокзале. Тем более она сегодня макияж не делала, хотя вообще-то никогда не позволяла себе выходить из дома, не накрасившись. Но ведь это только за мороженым... Толстая тетка с одутловатым лицом, покрытым пигментными пятнами, и в куртке с чужого плеча, производила впечатление жалкое и неприятное. Она подумала, может, все-таки подкрасить лицо, но сообразила, что для этого нужно идти в ванную, и придется снимать короткие сапожки, которые она только что с таким трудом зашнуровала. И решила идти в том виде, как есть.

Народу в этот час на улице было немного, рабочий день уже начался, а домохозяйки еще не вышли за покупками, да и район совсем новый, недавно застроенный, жильцов мало. Но сочувственные, а порой и брезгливые взгляды Татьяна все-таки поймала несколько раз. В магазине она сразу направилась к прилавку-холодильнику, как вдруг услышала совсем рядом:

— Татьяна Григорьевна! Это вы?

Она обернулась и увидела давешнего журналиста, который предлагал ей восстановить поруганную репутацию.

— Добрый день, — поздоровалась она. — Какими судьбами?

— У меня мать здесь живет неподалеку, я сегодня у нее ночевал, вышел вот продуктов ей купить. Знаете, вас просто не узнать. У вас беда, Татьяна Григорьевна?

— С чего вы взяли? — удивилась она. — У меня все отлично.

— Нет-нет, не обманывайте меня, я же вижу, что у вас что-то случилось. Вам плохо. Могу я вам помочь?

Она улыбнулась. Ну конечно, прохожие на улице принимали ее за опустившуюся алкоголичку, списывая на это и одутловатость лица, и одежку не по плечу, а этот журналист, который точно знает, что она никакая не нищенка, а преуспевающая писательница, сделал единственно возможный вывод: ей плохо, у нее горе, и ей совершенно наплевать на свой внешний вид. Но не объяснять же постороннему человеку про спящую Иру, про ветровку, которая находится в ее комнате, и про то, что ей трудно нагибаться и шнуровать сапожки.

— Чем же вы можете мне помочь? — весело спросила она. — Все, что могло случиться, уже случилось, статьи в газетах напечатаны, а отвечать на них я не собираюсь, это я вам уже объясняла. Какую еще помощь вы хотите мне предложить?

В этот момент к прилавку наконец соизволила подойти сонного вида продавщица. Она встала прямо напротив Татьяны и стала с отсутствующим видом ждать, чего пожелает покупательница.

— Вот этот торт, пожалуйста, — попросила Татьяна, указывая пальцем на яркую коробку.

— Все? Или еще что-нибудь?

Татьяна быстро окинула глазами прилавок. Сколько всего вкусного! И так всего хочется... Правда, если набрать все это, то нести будет тяжело, а врач велел воздерживаться от поднятия более чем двух килограммов. Ладно, цветную капусту она не возьмет, и шампиньоны тоже, но вот от гавайской смеси она не удержится, это точно. И еще котлеты по-киевски, Ира всегда их здесь покупает, они ужасно вкусные.

Сложив покупки в пакет, она собралась выйти из магазина, когда заметила все того же журналиста, который терпеливо ее поджидал. Он вышел на улицу вместе с Татьяной.

— Можно, я вас немного провожу? Или вы торопитесь?

— Мне некуда торопиться, я же домохозяйка, на работу не хожу. А зачем вам меня провожать?

— Мне приятно беседовать с вами. Вы очень неординарная женщина, Татьяна Григорьевна.

— Хорошо, и о чем мы с вами будем беседовать?

— О вас. Мне кажется, у вас наступил трудный период. Я не ошибаюсь?

Она с удивлением взглянула на своего спутника. Приятное лицо, внимательные добрые глаза, бархатный голос. И выражение безбрежной доброты, сочувствия и понимания. Неужели она действительно производит впечатление несчастной?

— Вы ошибаетесь. У меня замечательный период. Ожидание материнства, творческий подъем — чего еще желать? Я абсолютно счастлива.

— Ваши глаза говорят о другом.

— Мои глаза говорят только о том, что мне тяжело ходить, но с этим я мужественно борюсь. Это проблема чисто физического порядка, и потом, я надеюсь, она скоро закончится.

Она засмеялась и переложила пакет из одной руки в другую.

— Давайте я понесу, — спохватился журналист.

— Не стоит, сумка не тяжелая.

Некоторое время они шли молча, потом журналист заговорил снова.

— Мне кажется, вам с вашим талантом должно быть очень трудно существовать в нашей жизни.

— Вы это уже говорили, — заметила Татьяна, — в прошлый раз. Но разве у меня есть выход? Жизнь такова, какова она есть, и больше никакова. Это не мои слова, но я с ними полностью согласна. Я существую в той действительности, которая есть. Другой-то не будет.

— Вы заблуждаетесь, — с горячностью

возразил ее собеседник. — Возможна совершенно другая жизнь, в которой вы будете творить свободно и независимо, и никто никогда не скажет о вас худого слова. Вас не будут обманывать, вас не будут предавать, вам будут помогать растить ребенка. Но самое главное — вы не будете одиноки, вы не почувствуете себя покинутой и никому не нужной. Вот о какой помощи я говорю.

Татьяна остановилась и внимательно посмотрела на него. Потом слегка улыбнулась.

— Все это прекрасно. Но мне это не нужно.

— Почему?

— Потому что я и так свободна и независима. Потому что я не одинока, меня никто не обманывает и не предает. Что же касается худых слов, то это вещь абсолютно естественная. Нет людей, которых бы любили все поголовно, и обязательно найдется кто-то, кто говорит про тебя плохо, так что глупо пытаться этого избежать. И у меня нет ощущения, что я покинута всеми и никому на этом свете не нужна. Не обижайтесь на меня. Я ценю ваш порыв и благодарна вам за готовность помочь. Но мне все это не нужно.

— Не отказывайтесь сразу, — попросил он. — То, что я сказал, звучит не совсем обычно, согласен. Может быть, поэтому мои слова вызвали у вас реакцию отторжения. Но вы все-таки подумайте.

— Хорошо, я подумаю, — согласилась она исключительно из вежливости. Ей не хотелось обижать этого славного человека, который так близко к сердцу принял оскорбляющие ее публикации и от имени всех читателей обиделся на своих собратьев по перу.

Оставшуюся часть пути до ее дома они прошли, изредка перебрасываясь ничего не значащими фразами о современной журналистике и о положении с печатными изданиями.

— Знаете, читая ваши книги, мне показалось, что вы почему-то очень не любите журналистов, — сказал он с улыбкой. — У вас иногда появляются персонажи, занимающиеся журналистикой, и все они как на подбор малосимпатичные. Это связано с вашим личным отрицательным опытом общения с ними?

— Ну что вы, я к журналистам прекрасно отношусь. Они же не виноваты, что в их профессии такие правила игры, и честно их соблюдают. Нельзя же обвинять врачей-гинекологов в убийствах только потому, что они делают аборты. Работа такая. Журналисты поливают людей грязью и публично стирают их нижнее белье, потому что газета должна приносить прибыль, иначе она умрет. А приносить прибыль она может только тогда, когда ее будут активно покупать. Чтобы газету или журнал покупали, нужно, чтобы они будоражили мысли и чувства максимально большого числа людей. А дальше все просто: каково население, такова и пресса. Если людей в данной стране и в данное время будоражат исключительно чужие прегрешения, если населению хочется каждый день читать о ком-то, что он сексуальный извращенец, сволочь, вор и взяточник, то нужно всего лишь пойти навстречу этим пожеланиям, и все будет в порядке. Издание будут покупать, и оно будет приносить прибыль. Вот и все. Так что обижаться на них совершенно не за что.

— Да, нелестное у вас мнение о нас, — покачал головой журналист. — Но вы удивительно мудры, Татьяна Григорьевна. От вас даже такое выслушать не обидно.

— Мы пришли, — заметила Татьяна. — Спасибо, что проводили.

— Вы обещаете подумать о том, что я сказал?

— Обещаю, — быстро ответила она, чтобы отвязаться от него, и тут же вошла в подъезд, чтобы он не успел попросить ее номер телефона или сунуть ей визитную карточку со своими координатами. Иначе как же он сможет узнать о результатах ее раздумий?

* * *

— Почему вы не докладываете мне о ходе комбинации с Томилиной? У меня такое впечатление, что вы избегаете разговора на эту тему. Возникли трудности?

— В некотором роде. Но я полагаю, они легко преодолимы.

— Мне не нравится ваше настроение, и оптимизма вашего я не разделяю. В чем дело? Что с этой Томилиной не так?

— Она отказывается от помощи. Я не понимаю, в чем дело. Все было разыграно как по нотам, а она соскакивает.

— Вот! Я так и знал, что ваш метод ни к чему хорошему не приведет! Вы вечно гонитесь за какими-то новациями, витаете в эмпиреях, изобретаете бредовые теории, придумываете черт знает что, вместо того чтобы действовать старыми проверенными методами. Надо было работать с ней так же, как со всеми, изучать личность, собирать сведения, знакомиться, входить в доверие, а вы придумали какой-то идиотский литературный анализ и полагаете, что на его основе сможете выявить личностные характеристики объекта. Не сможете! Я и раньше это подозревал, а теперь это стало для меня абсолютно очевидным. Томилина оказалась совсем не такой, какой вы ее себе нарисовали, и вся ваша схема на нее не действует.

— Подождите...

— Не прерывайте меня! Я ждал достаточно долго, пока полагался на ваши заверения. Мы не можем упустить Томилину, потому что она с ее популярностью принесет нам огромные деньги. И я не желаю слышать ни о каких затруднениях, которые у вас, видите ли, возникают. Вы дали мне гарантии, и я их принял. Через два часа я жду от вас новую разработку. Никаких литературных портретов, никакой писательской зауми. Мне нужен четкий и грамотный план действий, который в самое короткое время приведет Томилину к нам. И не забывайте о главном: ребенка быть не должно. Ребенок будет держать ее, ради него она будет терпеть все: и измены мужа, и одиночество, и все остальное, что вы там ей припасли. А без ребенка она наша. Идите. И через два часа возвращайтесь с нормальным планом.

* * *

Попытка выяснить при помощи Виктории Улановой, от кого в частном агентстве «Грант» идет утечка информации, пока не привела ни к чему. Важно было даже не столько «от кого», сколько «к кому». Сотрудники агентства сработали на совесть, и имя того, кто заказал статью, подписанную «Е. Хайкина», стало известно. За этим человеком установили круглосуточное наблюдение с целью выявить, с кем из бывших гостей программы «Лицо без грима» он общается. Результат оказался ошеломляющим. Ни с кем. Ни с кем, кроме одного-единственного гостя, имя которого не фигурировало в списке Александра Уланова. Иными словами, именно этот гость был человеком, за показ передачи с участием которого деньги не вымогались. Руководитель какого-то странного благотворительного фонда помощи людям, попавшим в кризисную ситуацию. Ни один из «оплаченных» гостей передачи в поле зрения так и не попал. А ведь их было никак не меньше пятидесяти человек. Так что контакт заказчика статьи с человеком из фонда можно было считать чистым совпадением, случайностью.

Первое, что приходило в голову: Уланов назвал не всех. Или просто запамятовал (что и немудрено при таком количестве «оплаченных»), или не назвал этого человека умышленно. Почему? Это необходимо было выяснить как можно скорее.

Несмотря на то, что Александр Уланов во время последней встречи был достаточно откровенен, Настя все время чувствовала, что он рассказывает не все. Известие о том, что никакого наемного убийцы не было и его просто-напросто обманули, подействовало на него достаточно сильно, чтобы заставить продиктовать список тех, за кого Андреев брал деньги. Но было что-то еще, о чем Уланов умолчал, в этом Настя не сомневалась. Именно поэтому не задала ему всех вопросов, которые наметила себе, когда готовилась к беседе. Не задала, потому что поняла: только перед лицом неожиданности Александр Юрьевич может растеряться и начать говорить то, о чем хотел бы умолчать. А поскольку сказал он явно не все, нужно оставить какие-то козыри про запас, чтобы выложить их в нужный момент.

В последние дни Настя почувствовала, что стала соображать медленнее. Наверное, сказывалась усталость, ведь она постоянно ездила по вечерам к Алексею в Жуковский, и вставать приходилось ни свет ни заря, чтобы к десяти поспеть на работу. За это время она трижды оставалась в больнице на ночь, дежуря возле свекра, который перенес операцию не очень хорошо и до сих пор находился под капельницей. К выяснению отношений они с мужем так и не приступили, делая вид, что ничего не случилось и что самое главное сейчас — это здоровье его отца, а все остальное можно отложить на потом.

Трясясь утром в переполненной электричке, Настя с трудом боролась с дремотой, заставляя себя принять решение: поговорить сначала с Улановым или попробовать познакомиться с некой гражданкой Лутовой, к которой Александр Юрьевич, как стало известно, наведывался в гости. Если Лутова вовсе не та женщина, ради которой он развелся, то что между ними вообще может быть общего? Это и был один из тех вопросов, которые Настя собиралась ему задать, но воздержалась, оставив для следующего раза.

Когда поезд прибыл на вокзал, решение созрело. Она поедет к Лутовой. Как знать, может быть, эта дама знает что-то интересное.

* * *

Валентину Петровну Лутову Настя отыскала в детском саду, где та работала воспитательницей. Окруженная галдящей и носящейся вокруг малышней, стройная невысокая Валентина издали показалась Насте совсем молоденькой, и, только подойдя ближе, можно было разглядеть множество мелких морщинок, опутавших ее приветливое улыбчивое лицо.

— Уланов? — с искренним удивлением переспросила Лутова. — Нет, я его не знаю.

— Но ведь он бывал у вас дома. Как же вы можете его не знать?

— Наверное, он приходил к мужу. Знаете, мы с бывшим мужем все еще живем вместе, никак не разъедемся. У него своя жизнь, к нему какие-то люди приходят, но он меня с ними не знакомит.

— Трудно, наверное, с разведенным супругом под одной крышей существовать, — сочувственно сказала Настя.

Лутова на секунду отвернулась, а когда снова встретилась глазами с Настей, губы ее дрожали, лицо как-то сразу обмякло, обвисло и стало казаться совсем старым.

— Я ничего не могу с этим поделать. Даже к колдуньям ходила, к ворожеям всяким: порчу снимала. Да все без толку. Как приворожил он меня. Помыкает мной как хочет, а я слова не смею ему сказать. Если бы вы знали, как я измучилась! Одна колдунья была хорошая, Инесса, очень мне помогла, я даже на развод смогла подать, сил хватило. А как она умерла — так все снова началось. Может, вы знаете, отчего так бывает, а? Зельем он меня, что ли, опоил?

По ее лицу потекли слезы, но она не отворачивалась и продолжала смотреть на Настю с выражением мольбы и надежды.

— Видите, я совсем самолюбие потеряла, каждому готова рассказывать, у каждого совета просить. Вдруг кто поможет? Сама я не могу... Когда не вижу его, кажется, убить готова. А как встречусь с ним, так сил нет сопротивляться. Я ведь даже фотографию его с собой до сих пор ношу. Давно уже положила ее в портмоне, лет десять назад. После развода хотела выбросить и не смогла. Достала ее, собралась порвать на кусочки, а он смотрит на меня с фотографии такими добрыми глазами и улыбается так ласково... Руки сами собой опустились. Так обратно и положила.

Да, именно об этом рассказывала Насте Татьяна. Слово в слово. Все это было в записях Пашковой.

— Можно мне взглянуть?

— Ради Бога.

Валентина всхлипнула и отошла в угол комнаты за сумочкой. Достала из кожаного портмоне фотографию и протянула Насте. Человек на снимке показался ей совсем обычным. Ну разве что череп абсолютно лысый. А взгляд действительно добрый, и улыбка ласковая. Ничего демонического в нем не было. А вот привлекательность была, это точно. И холодный объектив фотокамеры не смог уничтожить природное обаяние, присущее этому человеку.

— Чем занимается ваш муж? Кто он по профессии?

— Да актер он. Погорелого театра. Всю жизнь в статистах ходил, а теперь вообще неизвестно чем занимается. Не понимаю, на какие деньги он живет. Но у меня не просит, и на том спасибо.

— Как вы думаете, какие общие дела могли быть у вашего мужа и у ведущего телевизионной передачи? — спросила Настя, чувствуя острую жалость к этой симпатичной женщине, которая не умела противостоять личному обаянию и магнетизму своего бывшего супруга.

— Понятия не имею. Мне вопросы задавать не разрешается.

— А вы пытались?

— Конечно. Сколько раз спрашивала, где он работает, чем на жизнь зарабатывает. Без толку.

— Что, не отвечает?

— Отвечает. Только так, что лучше бы вообще не отвечал. Грубит, издевается. Сделал из меня дармовую домработницу.

— Почему же вы терпите это?

— А что мне делать? Выгнать его? У нас квартира общая, мы оба в ней прописаны. И потом...

Она замолчала и судорожно отерла слезы платочком, который достала из кармана брюк.

— Вы не представляете, какой он. Ругается, грубит, даже руку на меня поднимал, случалось. А потом попросит чаю, выпьет, чашку поставит и скажет: «Спасибо, Валюшенька. Что бы я без тебя делал, родная моя?» Руку мою возьмет, прижмет к щеке, поцелует. И так посмотрит, что я для него под поезд готова броситься.

«И так посмотрит... И так посмотрит...» — твердила мысленно Настя, возвращаясь на Петровку. Можно ли считать эту женщину глупой и безвольной?

В первый момент именно так и хочется думать о ней. Но уже через десять секунд Настя вспоминала генерала Заточного и приходила к выводу, что сама она ничем не отличается от Лутовой. Ведь она тоже не может ни в чем отказать Ивану Алексеевичу. Она тоже не может противостоять теплому взгляду его желтых тигриных глаз. Она тоже не может на него сердиться, хотя в глубине души считает, что он не прав и поступает с ней несправедливо. Наверное, это и есть тот самый личный магнетизм, некое свойство, делающее человека невероятно притягательным, обаятельным и вызывающим доверие. Разница только в том, что Иван Алексеевич не пользуется этим своим качеством во зло, а господин Лутов ведет себя разнузданно и по-хамски, самодовольно радуясь, что измученная жена не дает ему отпора.

Встреча с Валентиной Петровной ничего интересного Насте не принесла, придется снова беседовать с Улановым и спрашивать его, кто такой Лутов и какие дела их связывают. Вопрос на самом деле совершенно нейтральный и к следствию по делу об убийстве Андреева и Бондаренко отношения не имеющий, но для раскачки вполне подойдет. Вообще дело это какое-то сомнительное и странное. Кто бы мог подумать, что появление Игоря Лесникова у нее в кабинете вызовет целый поток любопытнейших историй про измены Виктории и про наемного убийцу. Вполне вероятно, что и невинный вопрос о Лутове спровоцирует очередную порцию признаний. Логики во всем этом нет никакой, так что придется действовать по наитию.

С убийства сотрудников телевидения Настя мысленно переключилась на другое убийство, с которым тоже никакого существенного движения не наблюдалось. Благодаря Татьяне она теперь знает или приблизительно представляет, что произошло в доме у супругов Готовчиц. Поскольку Юлия Николаевна мертва, ответить на вопрос точно вряд ли кто-то сможет, так что остается лишь строить предположения. Итак, что случилось такого, что заставило депутата Готовчиц нанять частных детективов для слежки за мужем? В квартиру кто-то влез, ничего на первый взгляд не украл, но муж с этого момента потерял покой. Постоянно запирался в своем кабинете и, если не вел прием, рылся в бумагах. Перекладывал их с места на место, с полки на полку, из ящика в ящик, перебирал по листочку. Борис Михайлович осунулся, почти не спал, плохо ел, стал раздражительным и даже начал покрикивать на жену. На прямо поставленные вопросы о криминальных источниках дохода не отвечал ничего определенного. А Юлия Николаевна известна своей принципиальностью и добропорядочностью. Лучше она узнает неприятную правду, чем будет жить рядом с преступником.

Но никакой неприятной правды она узнать не могла. Почему же ее убили?

Пойдем с другой стороны, поскольку с этой подход затруднен. Сначала кто-то забрался в квартиру Инны Пашковой и тоже, кажется, ничего с собой не унес. Потом кто-то (тот же самый или другой?) пришел к Инне и стал требовать назвать какое-то имя. Непонятно, назвала она его или нет. Теперь уже спросить не у кого. После того, как точно таким же манером кто-то навестил Готовчица, психоаналитик запаниковал, ибо видел своими глазами, к чему это может привести. Примем на веру его утверждение о том, что за ним следили. Судя по количеству следящих, это были не только «наружники», выполняющие задание министерства, а также посланные женой частные сыщики. Вероятно, Готовчиц прав, и люди, залезшие в его квартиру, тоже поучаствовали на каком-то этапе в этом празднике всеобщего надзора. Вот они-то как раз и узнали, что Юлия Николаевна обратилась к частному сыску. И в какой-то момент она стала им мешать.

А что? Идея сама по себе неплохая. Не те люди, с которыми контактировал Готовчиц, причастны к убийству его жены, а совсем другие, о существовании которых он даже и не подозревает, которых никогда не видел, но которых безумно боится. Те, которые убили Инну Пашкову.

Настя схватилась за голову. Боже мой, сколько усилий потрачено на отработку всех, кто был упомянут в отчетах, представленных агентством «Грант» заказчице Юлии Николаевне! А они тут вообще ни при чем...

Стоп, сказала она себе. Как это «ни при чем»? Юлию Николаевну убили именно из-за того, что она имела дело с агентством. Это совершенно несомненно, иначе не погиб бы Дима Захаров.

Тогда остается только один вариант. Самый нелогичный и необъяснимый, но единственный.

* * *

Татьяна заявила Ире, что плохо себя чувствует и просит не оставлять ее одну. Ирочка переполошилась, заохала, заахала и собралась вызывать врача, но Татьяна ее отговорила, невинно солгав, что с утра уже посетила женскую консультацию, и врач ее смотрел и велел по возможности не оставаться без присмотра. Поскольку утром Ира крепко спала и встала лишь около полудня, она не могла знать, что на самом деле Татьяна выходила только в магазин за мороженым.

— Конечно, я никуда не пойду, — с готовностью согласилась Ира. — Ничего страшного, если мы с Андреем один день не увидимся.

Татьяна открыла было рот, чтобы сказать, что жених может и в гости зайти, уже пора, но удержалась. Пока Стасов не выяснит, что это за «Бентли-Континенталь», который умеет с одного взгляда определить женский костюм от Версаче, лучше воздержаться от встречи с ним.

Настроение у нее было отличное, работа над книгой шла легко и доставляла истинное удовольствие, и даже тревога, оставшаяся после утреннего разговора с мужем, не могла омрачить эту радость. В конце концов все выяснится, они узнают, зачем Ирочкин жених обманул ее, и все встанет на свои места. Правда, интуиция Татьяне подсказывала, что родственнице придется распрощаться с розовыми мечтами о скорой свадьбе и еще более близком отдыхе на Майами-Бич, и она уже заранее сочувствовала Ирочке и снова начинала чувствовать себя виноватой. История с рестораном могла быть дурацкой шуткой только в одном случае: если Иришкин банкир знаком с Маргаритой и знает о том, что она купила себе такой костюм. Но сюда требовались и привходящие обстоятельства. Например, он должен был знать, в каком пиджаке и какой сорочке был в тот день Стасов и даже какой зажигалкой он пользуется. Можно, конечно, представить себе такую картинку: банкир Андрей, будучи знакомым Маргариты Мезенцевой и зная о том, что она купила себе дорогущий костюм, случайно видит где-то того человека, в семье которого живет его невеста. Видит скорее всего днем где-то в официальном месте. Может быть, Стасов с кем-то приходил в его банк, а может быть, сам Андрей по каким-то делам оказался в том месте, где работает Владислав. Или просто увидел его на улице. И решил придумать маленькую гадость.

Но это говорит о двух вещах, и обе

они не радуют. Во-первых, он дурак и мелкий мерзавец. А во-вторых, для того, чтобы придумать такую гадость, он должен был знать, что Стасов когда-то был мужем Маргариты. Почему же в разговорах с Ирочкой он ни разу не дал понять, что знает об этом? Чем больше Татьяна размышляла над всем этим, тем меньше ей нравилась ситуация и тем сильнее корила она себя. Как можно было так невнимательно отнестись к новому знакомству Ирины? Непростительное легкомыслие. В результате в доверие к молодой женщине втерся (об этом можно с уверенностью судить по ее светящимся счастьем глазам) проходимец, пытающийся разрушить нормальную семейную жизнь Стасова.

Версий здесь может быть множество, и Татьяна как человек опытный недостатка в них не испытывала. Кто-то, кто раньше попадался Стасову на пути, когда тот еще работал в уголовном розыске. Человек ушел от правосудия (а может быть, и не ушел, отсидел и вернулся), стал преуспевающим бизнесменом, раскатывает на машине неимоверной стоимости, и в один прекрасный момент решил поквитаться с тем, кто попортил ему столько крови. Нет, не получается. Стасов его видел и не узнал. Вносим поправку: решил поквитаться и нанял для этой цели роскошного красавца. Молодой женщине голову заморочим и бросим, нанеся неизгладимую душевную травму, мужа с женой рассорим и будем гадко подхихикивать из-за угла, глядя на разрушенный семейный очаг.

Вообще-то не по-мужски это. Такая месть больше подходит женщине. А почему бы и нет? Разве мало мы знаем женщин-преступниц, да таких, что иным мужикам с ними не тягаться. Из собственной практики Татьяна знала, что мужчина-преступник почти всегда остается мужчиной, в том смысле, что какие-то понятия о благородстве и чести, пусть и искаженные, у него есть и он им следует, даже когда совершает преступление. Что же касается женщин, то если они принимают решение идти по криминальному пути, это порой приводит к таким «вершинам низости», что вам и не снилось. Когда мстит мужчина, он обычно старается лишить обидчика денег или жизни. В крайнем случае, опорочить доброе имя. Когда мстит женщина, она, как правило, нацеливается в первую очередь на любовь. На счастье, на семейную жизнь. Интересно, встречались ли Стасову такие женщины, которые могли бы захотеть отомстить ему?

Эти мысли существовали как бы сами по себе, не мешая Татьяне набирать текст книги на компьютере. Она давно уже научилась совмещать работу творческую с работой служебной таким образом, чтобы обе линии размышлений существовали параллельно, не мешая друг другу. Ира на кухне возилась с обедом, стараясь производить как можно меньше шума, ибо к писательским трудам Татьяны относилась с благоговением. По квартире постепенно начали расползаться упоительные запахи, источаемые очередным кулинарным шедевром. Периодически звонил телефон, но Татьяна не отрывалась от работы, предоставляя Ирине отвечать на звонки.

— Таня, иди обедать! — позвала Ирочка.

Татьяна дописала фразу до точки, быстро пробежала глазами последний абзац и вышла из комнаты.

— Звонила Настя, спрашивала, может ли прийти к нам сегодня. Я сказала, что может, потому что ты вроде никуда не собираешься. Я правильно сказала? Или нужно было тебя позвать к телефону?

— Все правильно, — кивнула Татьяна. — А что у нее случилось? Или просто так, визит вежливости?

— Не знаю. Но голос у нее был озабоченный.

— А кавалер твой звонил? — осведомилась Татьяна.

— А как же, — Ира лучезарно улыбнулась. — Ужасно расстроился, что мы сегодня не увидимся. Ничего, пусть делами позанимается, впереди выходные, еще успеем побыть вместе.

Татьяна рассеянно доела какое-то экзотическое блюдо, в котором, по уверению Иры, была немыслимая куча витаминов, полезных для беременных, и снова вернулась к работе. Как вовремя случились все эти статьи в газетах и журналах! Если бы не они, ей бы в голову никогда не пришло, что со страниц своих книг можно и нужно разговаривать со своими читателями, потому что те, кто читает ее постоянно и кому нравятся ее книги, являются не кем иным, как ее друзьями, и с ними просто нельзя не поделиться и своими радостями, и своими печалями, и своими раздумьями. Рассказать им хороший анекдот и порадоваться их смеху. Посетовать на несправедливость жизни и встретить в них понимание и сочувствие. В тот момент, когда она поняла, что писать книги можно и так, ей сразу стало легко, и недописанная повесть, лежавшая в столе мертвым грузом, вдруг ожила и стала двигаться дальше.

Она не замечала, как идет время, и очень удивилась, когда пришла Настя и оказалось, что уже половина девятого вечера.

— Вот славно, как раз к ужину! — радостно воскликнула Ира.

Однако Татьяна тут же остудила ее порыв, заявив, что ужинать они будут попозже, а сейчас им с Настей надо поговорить. Ира огорченно вздохнула и ушла в свою комнату. Настя тут же залезла с ногами на мягкий диван. Она еще в прошлый раз облюбовала себе это место, здесь ей было удобно и уютно.

— Как книжка? Пишется? — спросила она.

— Представь себе, пишется, хотя жизнь этому упорно препятствовала, — пошутила Татьяна.

— Каким образом?

— А ты разве не знаешь?

— О чем? — непонимающе спросила Настя. — Что ты имеешь в виду?

— Я имею в виду тот позор и поношение, которому меня подвергли средства массовой информации.

— Ты имеешь в виду ту пакость, которую мы вместе читали?

— Да что ты! Это был маленький такой, нежненький цветочек. А потом как пошли ягодки — одна другой увесистей, размером с арбуз. Ты что, Настюшка, правда не знаешь?

— Да честное слово! Впервые слышу. Я же газеты не читаю.

— Как, вообще не читаешь? — изумилась Татьяна.

— Крайне редко, по большим праздникам.

— Ну, тогда ты многого себя лишаешь. Неужели тебе не интересно узнать, что министры берут взятки или, например, не платят налоги, или покупают по десять квартир и по двадцать дач?

— Не-а, не интересно. Так что там в газетах о тебе написано?

— Написано, что я бесталанная графоманка, что я оболваниваю своими окололитературными писаниями наше несчастное затюканное население, тем самым лишая его прекрасной и светлой русской культуры. Что я получаю за свои книги огромные гонорары. Что меня заклеймила вся писательская общественность, собравшаяся на заседание Совета по культуре при Президенте России. Ты представляешь, какая честь мне оказана? В России сотни самых разных писателей, но заклеймили одну меня. Только я удостоилась.

Настя слушала ее, приоткрыв рот и не веря собственным ушам.

— Не может быть, Таня. Ты меня разыгрываешь, — наконец произнесла она, обретя дар речи.

— Да ни капельки, — Татьяна весело расхохоталась. — Все так и было. Более того, меня активно пытаются рассорить со Стасовым.

— Кто пытается?

— Не знаю. Стасов сейчас это выясняет. При такой ситуации я должна была бы, по идее, или руки на себя наложить, или начать пить, или уйти в монастырь. Но я же настоящая русская баба, меня голыми руками не возьмешь. Поплакала я, поплакала, а потом поняла, что надо делать, и села за компьютер. И все как рукой сняло.

— Господи, да чем же ты так насолила журналистам, что они на тебя накинулись?

— Понятия не имею. Вроде мы с ними не ссорились. Правда, к их чести должна сказать, не все считают меня полной идиоткой. Нашелся один такой, который предлагал мне опубликовать материал, в котором восстановил бы мою поруганную репутацию и реабилитировал бы мое честное имя.

— Ну и?..

— И ничего. Я отказалась. Надеюсь, уж тебе-то не надо объяснять, почему.

— Не надо, я понимаю. Ты думаешь, он действительно тебе сочувствовал? Или подозреваешь, что это обычные газетные игрища: вы пишете так, а мы напишем эдак, вы с нами конкурируете, а мы выскажем противоположную точку зрения. Нет?

— Да Бог его знает, Настюшка. Все может быть. Но вообще-то этот журналист симпатичный дядька, очень доброжелательный, умеет сочувствовать, сопереживать. И глаза у него добрые.

— Ага, — тихонько пробормотала Настя, — глаза добрые, а череп лысый.

Она сказала это совсем тихо, просто мысли вслух. Вспомнила виденную утром фотографию мужа Лутовой. И не поняла, почему Татьяна вдруг так напряглась. Глаза ее сузились, губы сжались.

— Откуда ты знаешь? — спросила она жестко.

— Что знаю?

— Что череп лысый.

— Ничего я не знаю. Ты о чем?

— А ты?

— Я сегодня встречалась, между прочим, с гражданкой Лутовой. С той самой, которая ходила на колдовские сеансы к твоей убиенной Инессе. У меня с Улановым возникли сложности, и я решила побеседовать с его знакомой в надежде выяснить какие-нибудь пикантные подробности, на которых его можно зацепить в разговоре. Оказалось, что Лутова с ним вообще незнакома и Уланов приходил в гости не к ней, а к ее бывшему мужу. Они же продолжают жить вместе.

— Да, я помню, — кивнула Татьяна. — Продолжай.

Голос ее был сухим и холодным, и в этот момент она показалась Насте такой чужой, что даже неприятно стало.

— Тань, расслабься, ты не на работе, — сказала она.

Татьяна глубоко вздохнула, зажмурилась и потрясла головой. Лицо ее расслабилось, губы дрогнули в улыбке.

— Извини, Настюша. Рефлекс сработал, как у охотничьей собаки. Рассказывай дальше.

— А дальше ничего и не было. Валентина Петровна жаловалась мне на жизнь и на то, что не может избавиться от эмоциональной зависимости от мужа. Одним словом, все то же самое, что было в записях Инессы и что ты мне пересказывала. Даже, говорит, фотографию его выбросить не могу, так и ношу с собой в сумочке. И показала мне фотографию этого грандиозного Лутова, который ею помыкает и всячески ее унижает. Ты знаешь, он действительно чертовски обаятелен. Причем это обаяние не самца, а именно человека, личности. Оно действует одинаково и на мужчин, и на женщин. Ему хочется верить, за ним хочется пойти на край света. Хочется вести себя так, чтобы заслужить его одобрение. Представляешь, каков он в жизни, если даже черно-белая фотография производит такое впечатление?

— Кажется, представляю, — задумчиво сказала Татьяна. — И что, у него череп лысый?

— Абсолютно. Как бильярдный шар.

— А кто он по профессии?

— Лутова говорит, что он актер второго плана, но какое-то время назад ушел со сцены. Чем муж занимается сейчас, она не знает.

— Прелестно. По-моему, ты измаялась без сигарет. Закури, не мучайся.

— Не надо, Таня, я потерплю, — смущенно ответила Настя. — При тебе не буду.

— А мы выйдем в лоджию, на улице совсем тепло. Пойдем, Настюшка, пойдем, ты закуришь, а я тебе кое-что интересное расскажу.

Татьяна сделала выразительный жест в сторону кухни, и Настя поняла, что она не хочет, чтобы их разговор слышала Ира. Двери-то между кухней и гостиной не было. А Ирина, пережив пятиминутное огорчение, уже давно вышла из своей комнаты и снова принялась хлопотать у плиты.

Они вышли на большую застекленную лоджию, где стояли три стула и небольшой овальный плетеный столик. Татьяна отдернула жалюзи и распахнула створку окна.

— Можешь спокойно курить, пепельница на подоконнике. Для начала сообщу тебе, что тот самый добрый журналист имеет абсолютно лысый череп. И если быть объективной, то нужно признать, что он чертовски обаятелен. Так и хочется ему верить. Жаль только, имени я его не знаю. Специально не спрашивала, чтобы не углублять знакомство. Хотела побыстрее от него отделаться. Но одну любопытную вещь он мне успел сказать.

— Какую?

— Он мне предлагал совершенно другую жизнь, в которой меня не будут обижать и унижать... И так далее. Знаешь, я сразу как-то не вникла в ситуацию, мне, честно говоря, не до него было. Мысли вокруг другого крутились. А сейчас я сообразила. В первую нашу с ним встречу он мне принес все эти публикации, в которых меня поливали грязью, и предложил ответить на них. А сегодня утром он напирал на то, что в этой другой жизни я не буду чувствовать себя обманутой и покинутой. Понимаешь? Обманутой и покинутой. Какое отношение это имеет к тем публикациям? Никакого. И теперь я понимаю, что он все знал.

— Господи, да что он знал? — в нетерпении спросила Настя, судорожно стряхивая пепел. — Говори толком.

— Он знал, что Ира собирается замуж и скоро нас покинет. Он знал, что у меня и Стасова сейчас трудный период, Лиля нервничает в преддверии появления маленького ребенка, который отнимет у нее отцовскую любовь, и Стасов собирается ехать с ней на юг. Более того, с ними вместе поедет и Маргарита, потому что об этом просит Лиля, а своей любимой дочери Стасов отказать не может. И еще более того, поступила информация о том, что Стасов не проводит все вечера с плачущей Лилей, а ходит по ресторанам в обществе Маргариты, одной из первых красавиц в мире российского кино. Согласись, ситуация для меня не из самых простых. И журналист все это знал. Вопрос: откуда?

— Подожди, Таня, я ничего не понимаю. Насчет Лили — это правда?

— Правда. А чему ты удивляешься? Это совершенно естественная реакция ребенка, двое из каждых трех детей относятся к появлению братьев и сестер именно таким образом. К этому надо быть готовым, особенно когда дети появляются в разных браках.

— А насчет Стасова и Маргариты?

— А вот это вранье. Причем состряпанное достаточно ловко. То есть настолько ловко, что оно прошло бы без сучка и без задоринки, если бы у меня был другой характер. Есть люди, которые годами мучаются подозрениями, терзаются, сходят с ума, но никогда не спрашивают напрямую. Хуже всего, что такие люди готовы верить первому встречному, который доносит до них отрицательную информацию. И не готовы верить тому, кого, собственно, эта информация порочит. К счастью, у меня другой характер. Я вообще никогда ничему не верю, я все выясняю и подпираю доказательственной базой. Наверное, это профессиональная деформация. Поэтому я не стала долго страдать, а просто спросила у Стасова, был ли он в указанном месте в указанное время с указанной спутницей. И мы очень быстро выяснили, что это ложь. Кто-то хочет нас поссорить.

— Кто?

— Не знаю.

— Как это ты не знаешь? А кто тебе сказал об этом?

— Ирочкин жених. И не мне сказал, а ей. Это уж она потом мне передала, вся трясясь от негодования. Но я вполне допускаю, что этот «Бентли-Континенталь» просто исполнитель чужой воли. У него может и не быть собственного интереса. Ему поручили — он сделал.

Настя некоторое время молча курила, глядя через плечо Татьяны в серое темнеющее небо.

— Как все похоже, — тихо сказала она наконец, — как все похоже. Вокруг тебя выстраивают ситуацию, которая делает твою жизнь невыносимой. Все вокруг рушится, все, что еще вчера казалось надежным и незыблемым, сегодня оказывается хрупким и ложным. И в этот тяжелый для тебя момент рядом оказывается обаятельнейший человек с добрыми глазами, ласковой улыбкой и протянутой рукой помощи. А теперь послушай еще одну историю, которую я тебе расскажу. Жил-был тележурналист, талантливый, преуспевающий. Не особенно, правда, чистоплотный, но это отношения к делу не имеет. У него была любимая жена и любимая работа. И вдруг в один прекрасный день все это начало рушиться прямо на глазах...

ГЛАВА 20

Борис Витальевич Гмыря окончательно разболелся, и при всей серьезности сложившейся ситуации смотреть на него без смеха было трудно. Нос от постоянного трения платком покраснел и распух, глаза слезились, голос был сиплым и метавшимся между зловещим шепотом и истерическим фальцетом. Он не мог уйти на больничный, ибо в его производстве находилось дело об убийстве депутата Государственной Думы, стоящее на контроле и в МВД, и в Генеральной прокуратуре. То есть по закону, конечно, болеть никому не запрещается, но косые взгляды и недовольство начальства были бы ему гарантированы.

Он снова сидел в кабинете полковника Гордеева, но на этот раз пришел не по собственному почину, а по настоятельному приглашению Виктора Алексеевича.

— Боря, надо собраться, — не терпящим возражений тоном заявил ему Гордеев по телефону. — Мне отлучаться сегодня нельзя, так что ты уж будь любезен, донеси свое больное тело до Петровки. Сделай одолжение бывшему начальнику.

К приходу следователя в кабинете полковника уже находились Каменская, Лесников, Коротков и тот здоровенный зеленоглазый парень, начальник службы безопасности киноконцерна «Сириус», с которым Гмыря познакомился в девяносто пятом году, когда расследовал убийство киноактрисы Алины Вазнис.

— Давай, Настасья, рассказывай нам, — без долгих предисловий скомандовал Гордеев. — Четко, ясно, ничего не упуская. Так, как ты мне сегодня с утра рассказывала.

Настя глубоко вздохнула, собираясь с мыслями, и на всякий случай положила перед собой блокнот с записями. Эти записи она делала всю ночь, сидя в палате свекра, притулившись в уголке, пристроив блокнот на коленях и прислушиваясь к его неровному дыханию. Поспать ей удалось только в электричке по дороге в Москву, и то не поспать, а лишь подремать. Но и это неплохо. Сегодня суббота, рано утром поезда идут в сторону Москвы полупустые, и Настя смогла сесть в уголке, прислониться головой к стенке вагона и чуть-чуть отдохнуть.

Она стала рассказывать обо всем, что узнала за последние дни. О приходе Виктории Улановой, о выдуманном от начала до конца заказе на убийство ее мужа, о несуществующей журналистке Хайкиной и о человеке, который заплатил главному редактору газеты за оскорбительную статью «Прощай, лицо, да здравствует грим!». О газетной травле писательницы Томилиной и о почти удавшейся попытке рассорить ее с мужем и разлучить с родственницей-подругой как раз в тот момент, когда Татьяна больше всего нуждается в помощи и поддержке. Об убийстве колдуньи Инессы, о ее любовнике профессоре Готовчице. И, наконец, об убийстве жены Готовчица, Юлии Николаевны. Она старалась излагать последовательно, но это не всегда получалось. Слишком уж все было переплетено в этих странных и, казалось бы, никак друг с другом не связанных историях.

— Стиль, как видим, просматривается один и тот же. Сделать жизнь человека трудной, почти невыносимой, устроить ему, образно выражаясь, обвал по всем фронтам, но не для того, чтобы отомстить, а единственно для того, чтобы он с готовностью принял помощь, которую ему предложат в самый сложный момент. В чем должна заключаться эта помощь, мы пока не знаем. Татьяна от помощи отказалась, так что она нам ничего сказать не может. Остается Уланов. Я уверена, что он уже в курсе, потому что ситуация с ним начала развиваться намного раньше, чем с Татьяной. Более того, если в начале нашего знакомства Александр Уланов действительно был похож на человека, у которого множество неразрешимых проблем, то сегодня он выглядит совсем иначе. Он бодр, оптимистичен и уверен в себе. Во всяком случае, именно таким он был, пока не узнал, что жена вовсе не собиралась его убивать и что вся эта история с наемным убийцей — сплошное вранье. Так что он скорее всего помощь принял и уже знает, в чем она состоит. Таким образом, сегодня мы можем констатировать, что убийство Виктора Андреева и Оксаны Бондаренко почти наверняка не связано с их финансовыми делами и не является актом возмездия. Это была часть операции, направленной против Уланова. Выбить из его команды людей, без которых передача перестает быть прибыльной. Напугать его, расстроить, заставить думать об уходе с телевидения, отдалить от любимой жены. Заморочить ему голову. Запутать. И не только его, но и нас. Мы ведь искали преступников совсем не там и продолжали бы искать, пока терпение не лопнет. А потом дело закрыли бы.

Гмыря чихнул, шмыгнул носом и сиплым голосом спросил:

— А Готовчиц? Я все жду, когда ты про депутата начнешь рассказывать. Меня сюда зачем позвали?

— Не торопитесь, Борис Витальевич, — примирительно произнес Гордеев, который политес соблюдал и при оперативниках называл следователя по имени-отчеству, никоим образом не демонстрируя, что Гмыря для него был и остается просто Борькой. — И до депутата дойдем. Уже близко. Давай дальше, Настасья.

— Одним из приемов, которые активно используют преступники, являются ложные ходы. Таких ходов за последнее время было сделано несколько. При этом надо отметить, что ложные ходы, которыми они пользуются, бывают двух типов. Тип первый: действие, абсолютно не нужное, но сбивающее нас с толку. Например, письмо, которое получил Игорь Лесников. В этом письме сказано, что вы, Борис Витальевич, давно куплены и верить вам нельзя.

— Я — что?

Следователь поперхнулся и закашлялся, хрипло и натужно.

— Что вы куплены и верить вам нельзя, — пряча улыбку, повторила Настя. — Мы вам ничего об этом не говорили, потому что и не думали верить тому, что написано в письме. Письмо имело две цели. Во-первых, дать понять, что убийство Юлии Готовчиц действительно политическое, раз следователя покупают, а во-вторых, внести разлад в работу группы, посеять недоверие и тем самым спровоцировать конфликты. Надо заметить, что и это почти удалось. Вам стало трудно работать с Лесниковым, а Игорю — с вами. Еще один пример: убийство Дмитрия Захарова. Мы с самого начала пошли по ложному пути, пытаясь связать убийство Юлии Готовчиц с утечкой информации о ее отношениях с частным сыскным агентством. Захаров, используя личные связи, старался выяснить, кто в агентстве имеет доступ к информации о заказах и клиентах. И когда ему это удалось, его убили. И снова мы пошли на поводу у этого ложного хода. Раз убили — значит, дело серьезное, значит, действительно тут есть связь с убийством депутата. А связи нет. Никакой. Да, в агентстве нашелся сотрудник, который проявляет повышенный интерес к картотеке руководителя, но к убийству депутата это никакого отношения не имеет. Захарова убили просто так, на всякий случай, чтобы сбить нас с толку. Он никому не мешал и никакой опасности для преступников не представлял.

В кабинете повисла гнетущая тишина. Здесь сидели люди, жизнь которых была постоянно связана с трупами, с убийствами, со смертью. Но все равно трудно было осознать и смириться с тем, что человека можно убить просто так. Не в порыве гнева или злобы, не из корысти или страха перед разоблачением, а просто так. Чтобы заморочить кому-то голову.

— Идем дальше. Ложные ходы второго типа, — снова заговорила Настя. — Это действия, имеющие определенную цель, но совершенные таким образом, что цель эта никак не просматривается. Более того, та же самая цель может быть достигнута и другим способом. Поясню на примере. После проникновения неизвестных в квартиру Борис Михайлович Готовчиц стал жить в постоянном страхе. Я уже объясняла почему. Поскольку поведение его стало, мягко говоря, неадекватным, его жена забеспокоилась, не втянулся ли муж в какой-нибудь криминал. Она обращается в агентство «Грант» и получает подробные отчеты обо всех контактах Бориса Михайловича. Копии этих отчетов, как вы знаете, были нам представлены. Сегодня с утра я обзвонила всех указанных людей и выяснила, что с некоторыми из них Юлия Николаевна успела встретиться. Она знакомилась с ними под разными предлогами, представлялась то журналисткой, то социальным работником, то еще кем-нибудь. Стало быть, она проверяла знакомых своего мужа, желая лично убедиться в том, что они не связаны с криминалом. Или, наоборот, связаны. Мы с самого начала предполагали, что убийство совершено из-за того, что Юлия Николаевна проявила интерес к контактам супруга. Но мы искали среди этих контактов тех же, кого и покойная Юлия Николаевна. И не находили. Но если среди знакомых профессора нет людей, связанных с ним криминальным бизнесом, то почему же ее все-таки убили?

— Да, между прочим, — подал голос Гмыря. — Я все жду, когда ты нам расскажешь, почему же убили депутата.

— Потому что дело не в самих людях, с которыми контактировал Готовчиц.

— А в чем?

— Дело в тех, кто их порабощает. В тех, от кого они находятся в сильной психологической зависимости, от которой не могут избавиться годами, а то и всю жизнь. Вспомните, сколько раз мы читали о таких феноменах, сколько раз сталкивались с ними лично. Лидеры каких-то невероятных движений, сект, групп, сумевшие увлечь людей совершенно бредовыми идеями, — разве вы никогда об этом не слышали? Разве не читали о сектах, лидеры которых умудрялись повести десятки людей на коллективное самоубийство?

Она замолчала, и по кабинету Гордеева разлился тихий гул. Каждый из присутствующих вспомнил, что действительно читал о чем-то подобном, и все живо обменивались впечатлениями.

— А сколько раз нам приходилось слышать о невероятной личной преданности кому-то? — продолжала она. — Мы этого человека видим сотни раз по телевизору, он кажется нам тупым и ограниченным, и мы совершенно не понимаем, почему он пользуется такой любовью огромного числа людей, почему у него есть верные соратники, которые следуют за ним всю жизнь и ни при каких условиях его не предают. А нам объясняют, что этот человек обладает личным магнетизмом, что, находясь рядом с ним, общаясь с ним, невозможно его не любить. Мы разводим руками, качаем головой и считаем, что все это полный бред. Потому что на себе не испытали. А это есть, и с этим нельзя не считаться. Самая жестокая ошибка человека — считать, что чего-то быть не может, только потому, что сам он этого не видел. Как меня когда-то учили, отсутствие знания — не аргумент. А теперь представьте себе, что вам с какой-то целью нужно найти нескольких человек, обладающих вот этим самым личным магнетизмом. Причем найти достаточно быстро. Где и как вы будете их искать?

И снова в кабинете возникла тишина. На этот раз первым сориентировался Игорь Лесников. Гордеев был не в счет, поскольку ему Настя уже успела все изложить до общей встречи.

— Ты хочешь сказать, что проще всего действовать через людей типа Готовчица или колдуньи Инессы?

— Может быть, это и не проще, — возразила Настя, — но это один из вариантов. Наверняка есть и другие пути, но та команда, с которой мы столкнулись, действует именно так. Влезть в квартиру, когда хозяина или хозяйки нет дома, просмотреть записи, найти человека, который жалуется на сильную зависимость, от которой не может избавиться. Это может быть зависимость от мужа, любовника, подруги, начальника и так далее. Дальше все просто. Имя пациента или клиента в записях указано, его разыскивают и довольно быстро находят того, кто его так поработил. И с ним уже начинают работать. Вербуют его, переманивают к себе. Расчет точный, ведь если человек, обладающий сильным личным магнетизмом, является добрым и порядочным и не использует свой дар так, что другие страдают, то у близких такого человека и не возникает с ним проблем. А коль они обращаются к колдунам и психоаналитикам, значит, человек этот явно злоупотребляет любовью окружающих. Это как раз то, что нужно. И если я права, то становятся понятными обстоятельства убийства Инны Пашковой. Она никогда не указывала в записях настоящие имена своих клиентов. Она ведь изображала колдунью и потому давала каждому некий псевдоним, якобы для общения с высшими силами. Это была всего лишь часть антуража, но эта часть стоила ей жизни. Преступники нашли в ее записях то, что их заинтересовало, но там не было имени. Настоящего имени. Вот это имя они из нее и выколачивали. Можно теперь только догадываться, как все это происходило, но, судя по рассказам тех, кто знал Инессу, она была человеком чрезвычайно сильным. Не физически, конечно, а морально. Она умела держать язык за зубами, она умела хранить секреты, и свои, и чужие. И заставить ее ответить на вопрос, смысла которого она не понимала, наверное, было непросто. Может быть, ей предлагали деньги, может быть, ее запугивали, но она не назвала имя до тех пор, пока ее не начали пытать. Выбив из нее заветное слово, преступники бросили ее истекающей кровью и ушли. Вероятно, им показалось, что она уже умерла, иначе они бы точно ее добили. Судя по всему, что мы знаем на сегодняшний день, они абсолютно безнравственны и безжалостны. Зато сегодня мы можем утверждать, что имя, которое им было нужно — это имя Валентины Петровны

Лутовой. Лутова долгое время была клиенткой Инессы, пытаясь избавиться от зависимости от мужа, который ее оскорблял, унижал и даже поколачивал. Преступники нашли Валентину, рядом, естественно, оказался и муж. Мужа быстро взяли в оборот. Уж не знаю, что он успел для них сделать, но он работал с Улановым, а в последнее время изображает доброго журналиста, навязчиво предлагающего помощь несчастной, всеми обижаемой и предаваемой писательнице Татьяне Томилиной.

— Ну а Готовчиц-то! — снова в нетерпении выкрикнул Гмыря, при этом голос его сорвался на фальцет. — Ты про Готовчица говори.

— Да с Готовчицем все то же самое. Влезли в квартиру, посмотрели записи. Готовчиц колдуна не изображает, он нормальный психоаналитик, доктор медицинских наук, и у него в записях все имена и фамилии названы. Нашли то, что им нужно, и благополучно смылись. А пациент, история которого их заинтересовала, пришел на очередной сеанс к Готовчицу. К этому времени Борис Михайлович уже начал терять человеческий облик от ужаса, и Юлия Николаевна уже наняла частных сыщиков, которые добросовестно принялись за дело. Имя этого пациента попало в их отчет. А отчет представлен заказчице. Поскольку команда, о которой мы с вами говорим, достаточно серьезна, они обязательно должны были присматривать за самим психоаналитиком и его женой. На всякий случай. Ведь взлом и проникновение — не шуточки, хозяева милицию вызывали. И в ходе этого присматривания обнаружили, что Юлия Николаевна сначала посетила частное сыскное агентство, а потом начала ходить к пациентам мужа. Зачем? Что она делает? Совершенно непонятно. Но ведь она в любой момент может прийти и к тому пациенту, рядом с которым находится человек, который им нужен. Кто такая эта жена психоаналитика? Депутат? Журналистка? Человек прямой и принципиальный? И что ей надо? Что она вынюхивает? Еще, не приведи Господь, явится по интересующему их адресу в самый неподходящий момент и столкнется с их представителем, поскольку человека-то в оборот уже взяли, на поиски всего полдня ушло. И потом, сам человек еще мало проверен. А вдруг Юлия придет, неизвестно ведь, зачем она приходит и что говорит, а человек окажется дома и возьмет да и расскажет ей об интересном и очень выгодном предложении, которое ему сделали. Одним словом, допускать этого нельзя. Контакту нужно помешать. Есть множество способов, при помощи которых это можно сделать. Самый простой и безболезненный — срочно убрать под любым предлогом нужного им человека из Москвы на некоторое время. Настырная Юлия Николаевна придет, поговорит с пациенткой или пациентом своего мужа и уйдет. Вот и все. Потом человека можно вернуть на место. Но они выбирают самый жестокий способ. Они убивают Юлию Николаевну. И тут расчет почти безошибочный. Раз она депутат и к тому же журналистка, то поиски убийц будут вестись в совершенно определенном направлении. Будут трясти народ в Думе, будут искать врагов среди тех, о ком она делала свои статьи в газету. Ну и пусть ищут. Флаг им в руки. То есть нам в руки. Еще и письмецо гадкое подбросим, дабы подлить масла в огонь. Пусть лишний раз уверятся, что убийство действительно политическое.

Настя закрыла блокнот и перевела дыхание.

— Я все сказала.

Гордеев водрузил на нос очки, которые до этого вертел в руках на протяжении всего времени, пока Настя излагала результаты своих ночных раздумий.

— Приступим к обсуждению. Чтобы не терять времени даром, скажу для информации, что Доценко в настоящий момент устанавливает тех людей, которые упоминаются в записях профессора Готовчица. Я имею в виду людей, с которыми возникли серьезные психологические проблемы, у тех, кто был указан в отчетах агентства «Грант». Самих людей, поименованных в этих отчетах, мы уже отрабатывали, но теперь взгляд на них будет совсем другим. Теперь второе. Прошу всех присутствующих не надеяться на то, что, имея в руках господина Лутова и найдя второго такого же, мы откроем все секреты и раскроем одним махом все преступления. Во-первых, Лутов и этот второй, которого сейчас Миша Доценко ищет, знают далеко не все. Их используют для личных контактов, для оказания нужного влияния. Но к убийствам они не причастны. Задумывают убийства одни люди, а организуют и выполняют их другие. Уж конечно, не лутовы там всякие. Взять за жабры этих контактеров означает моментально провалить все дело. Выдавать себя за журналиста — не преступление. Давать деньги за публикацию тех или иных материалов — тоже не преступление. Ничего криминального они не сделали, привлекать их не за что, а потому и напугать их пока нечем. Из этого следует неутешительный вывод, что они ничего нам не скажут. Только напортим все и спугнем главных действующих лиц. Поэтому ставлю задачу нашего сегодняшнего обсуждения: понять, что это за команда, какова ее цель. Сформулировав цель, мы сможем понять, кто заинтересован. И дальше будем плясать именно от этого. Итак, я слушаю. Кто первый начнет?

— Я все-таки не понимаю, — снова подал сиплый голос следователь Гмыря. — Зачем городить такой огород? Анастасия же только что рассказывала об Уланове и выразила полную уверенность в том, что он уже принял предложенную помощь. Так давайте допросим его как следует, он нам все расскажет.

Он оглушительно чихнул, высморкался, однако и на этот раз не забыл извиниться.

— Борис Витальевич, Уланов ничего не скажет, — ответила Настя, поворачиваясь к нему.

— Почему? Он ведь теперь знает всю правду, знает, что жена его по-прежнему любит и никаких любовников у нее нет. Почему ты думаешь, что он будет молчать?

— Потому что он уже попал в зависимость от Лутова, понимаете? Если вы можете понять меня правильно, то рискну сказать, что Уланов влюблен в него, как влюбляются в кумиров. Если бы у Александра Юрьевича была в голове хоть капля критического отношения к новому знакомому, он бы сразу все сообразил и сказал бы мне о Лутове еще тогда, когда я ему объясняла про наемного убийцу. Но он ничего не сказал. Ни единого слова. И это означает, что он и теперь не скажет. Нужны очень и очень веские аргументы в беседе с ним, чтобы он заговорил. А этих аргументов у меня нет.

— Тогда задействуйте эту писательницу, как ее, Томилину. Вы же сами говорили, что Лутов к ней подкатывался. Она что, дала ему окончательный отказ?

— Нет, отказа как такового не было, но она ясно дала понять, что не нуждается в помощи. Борис Витальевич, Татьяну трогать нельзя.

— Почему это?

Настя бросила короткий взгляд на Стасова, который хранил молчание и с любопытством прислушивался к обсуждению, ожидая, когда очередь дойдет и до него.

— Потому что Татьяне рожать через

два с небольшим месяца. Мы не можем втягивать беременную женщину в оперативные комбинации. Влад, повтори, пожалуйста, как можно ближе к тексту, чем Лутов соблазнял твою жену.

— Он обещал ей жизнь, в которой Таня сможет творить свободно и независимо и не будет чувствовать себя покинутой, одинокой и обиженной.

— Вот! — Гордеев поднял палец, призывая всех быть предельно внимательными. — Почему никто не вникает в то, что нам сейчас рассказывала Настасья? Вы что, вполуха слушаете? Повторяю для рассеянных: Лутов предлагал Татьяне Томилиной другую жизнь, в которой не будет всего того, что на сегодняшний день выбивает ее из колеи. После всего, что они ей устроили, она должна была почувствовать себя в глухом тупике, в тяжелейшем кризисе. По их представлениям, ей впору руки на себя наложить. А что установили ребята из агентства «Грант», выполняя заказ Виктории Улановой? Они установили, что заказ на статью, подписанную некой Хайкиной, был сделан человеком, имеющим контакты с руководителем какого-то благотворительного фонда поддержки людей, оказавшихся в кризисной ситуации. Ну, дети мои, вы проснетесь наконец или так и будете спать, пока мы с Настасьей тут воздух сотрясаем неизвестно для чего?

— Минутку, Виктор Алексеевич, — просипел Гмыря. — Не все у вас складно выходит. Если допустить, что все это правда, то придется признать, что преступники не очень умные люди. Вы говорите, Томилина ждет ребенка? Тогда ей должно быть совершенно наплевать и на газетные статьи, и на измены мужа. Можете поверить мне, многодетному отцу, ожидание ребенка, если он желанный и особенно если он первый, полностью переворачивает все мировоззрение женщины. Жизнь для нее настолько прекрасна, что значения не имеет ничего, кроме грядущего материнства. Неужели преступники этого не понимают? Сам факт того, что их жертва ждет ребенка, сводит на нет все их усилия.

— Он прав, — тихо сказал Стасов, глядя на Гордеева. Лицо его было бледным и напряженным. — Он абсолютно прав. И если все так серьезно, как мы думаем, то ничего еще не кончилось. Они не отступятся от Татьяны. Они не успокоятся, пока не лишат нас этого ребенка.

* * *

Юра Коротков метался по маленькому Настиному кабинету от двери к окну и обратно.

— Сколько работы псу под хвост! Это же черт знает что такое! Я в Думе три пары штанов просидел, со всем депутатским корпусом перезнакомился, собственные мозги так закомпостировал, что там уже живого места не осталось, сплошь одни дырки, и все зря! Ведь сколько раз говорено было, что политики — такие же люди, как все, и жизнь у них точно такая же, так нет: стоит какого-нибудь депутата убить, сразу крик на всю страну, ах, политическое убийство, ах, депутатов убивают! Какой кошмар! Наступление на демократию! Душат правовое государство! Правоохранительные органы расписались в своей беспомощности! Как будто если дядю Васю-слесаря убили, то это нормально, а депутата тронули — вселенская катастрофа. Пока убивают дядю Васю, милиция хорошая, а когда убили депутата — так она сразу плохая. А то, что депутата убили вовсе не по политическим мотивам, никто и предполагать не хочет. Сразу дело на контроль ставят, ежедневно по три шкуры дерут со всей бригады и еще следят, чтобы версии обязательно были с политическим уклоном. Стоит только следователю выдвинуть бытовую версию, сразу косые взгляды: дескать, подкупили его, потому он и пытается спрятать политические концы в бытовую воду.

Настя сидела за своим столом и молча чертила какие-то схемы, давая Короткову возможность выпустить пар. Вода в высокой керамической кружке уже закипела, и Настя достала две чистые чашки и банку с растворимым кофе.

— Тебе наливать? — кротко спросила она, улучив паузу между двумя гневными фразами.

— Наливать, — буркнул Юра. — Вот ты мне объясни, зачем все это?

— Что — это?

Настя насыпала в чашки кофе, бросила по два кусочка сахара и налила кипяток.

— Формулируй четче, солнце мое незаходящее, а то под руинами твоих бурных эмоций уже ничего не найдешь.

Коротков внезапно остановился посреди кабинета и громко расхохотался.

— Аська, все-таки я тебя обожаю. Ты — единственный человек, который умеет справляться с моим настроением одним движением пальца. Как у тебя это получается?

Она улыбнулась и протянула ему чашку.

— По наитию. Я же тебя много лет знаю. Бери осторожнее, чашка горячая. Так что ты хотел спросить?

— Я хотел спросить, зачем эта фантастическая команда напрыгнула на нашу Танюшку?

— А ты не понял? Деньги, Юрик. Огромные деньги, которые можно делать, став единоличным издателем ее книг. После нашего вчерашнего разговора Таня позвонила своим издателям в Питер, и выяснилось, что совсем недавно к ним приходил некий журналист какой-то заштатной зауральской газеты, о которой в Питере никто и не слыхивал, и очень интересовался личностью популярной писательницы, ее тиражами и гонорарами. И пока мы в кабинете Колобка изображали Новгородское вече, наш друг Коля Селуянов навел справочки. Нет такой газеты. В природе не существует. Отсюда ясно, что команда, как мы ее условно назовем, интересуется Татьяной именно как писателем. И еще один момент. Танины издатели по ее просьбе никому не говорят о том, что она работает следователем. Когда-то давно из этого секрета не делалось, но потом

Таня поняла свою ошибку и с тех пор она для своих читателей просто писательница Томилина. А о том, что говорилось раньше, все уже как-то подзабыли. И наша с тобой, Юрочка, таинственная команда этого не знает. Отсюда и все их ошибки.

— Почему ты думаешь, что они не знают?

— Они бы к ней не сунулись, если бы знали. Это же очевидно. Но тут есть еще один хитрый момент. Эта команда — не мафиозная структура. И это вселяет надежду. Мафию обмануть трудно, потому что у нее всюду есть свои люди и постоянно идет утечка информации. А у нашей с тобой команды своих людей в правоохранительной системе нет. Поэтому они и про Таню не узнали. Они на нее вышли просто как на писательницу, которая может приносить доход. Попытались довести ее, что называется, «до ручки», чтобы потом взять под свое крыло, обаять, обласкать, приручить, вызвать чувство глубокой и непреходящей благодарности до самой смерти и накрепко связать с собой. В том числе и все права на все книги получить. Пожизненно.

— Ну хорошо, ты меня убедила. А Уланов? Он-то им зачем понадобился? У него что, миллионы долларов в заначке спрятаны?

— Похоже, что нет, — покачала головой Настя. — Судя по разговору с его женой, они люди состоятельные, но не настолько, чтобы ради этих денег заваривать такую сложную и многокомпонентную кашу. Тут доходы ненамного превысят расходы. Представь себе: Андреева с Бондаренко убить, человека нанять, который будет изображать киллера, охотящегося за Улановым, до этого еще разобраться с Инессой и с Готовчицем, потом убить Юлию, заказать публикации в десятке изданий... А ведь надо еще постоянно взятки давать. Что ты на меня так смотришь? Да-да, дружочек, обыкновенные банальные взятки. Меня сразу насторожило, что супругов Улановых развели в течение суток. И я попросила Мишеньку Доценко поехать в загс по их месту жительства и обаять там заведующую. Она, конечно, не призналась, что ей дали на лапу, но то, что были ходатаи, не отрицала. Причем ходатаи, как она сказала, не из властных структур, а просто пришел человек, который так просил, ну так просил, что отказать было невозможно. Это же все денег стоит, и немалых. Я допускаю, что команде не нужно каждый раз нанимать новых исполнителей, у нее есть свои штатные взломщики, штатные убийцы и даже штатные «наружники», но тогда это должна быть очень богатая организация. А она не может быть очень богатой, если гоняется за копейками. С Улановым что-то совершенно непонятное. Надо с ним разговаривать. А я не знаю как. Нужно заставить его рассказать о Лутове. А для этого нужно каким-то образом заставить его преодолеть свою личную преданность этому человеку. Есть, правда, вариант...

Юра поставил чашку на стол и потянулся за сигаретой.

— Тебя что-то смущает? — спросил он.

— Смущает. Я так никогда не работаю.

— Понял, — усмехнулся он. — Ну что ж, когда-то надо начинать. Не все тебе в девках-то ходить, пора и замуж собираться.

* * *

Я так и не смог вернуться домой. После того, что мне рассказала Каменская, я не смог прийти как обычно и посмотреть Вике в глаза, привычно видя за ее покорностью и покладистостью проявление чувства вины за желание убить меня. Бедная Вика, что ей пришлось вытерпеть за последние недели! Наверное, я трус, но я не смог встретиться с ней. Ночевать я поехал к матери, и даже ее сумасшествие казалось мне в тот момент более приемлемым, чем общение с Викой, которую я смертельно оскорбил ни за что ни про что. Вышла ошибка, чудовищная ошибка, заставившая меня подозревать жену во всех смертных грехах. И как теперь выкарабкиваться из этой ямы? Господи, как хорошо, что в моей жизни есть Лутов! Надо только потерпеть еще несколько дней, пока не будут окончательно завершены формальности с документами, потом быстро решить вопрос с квартирой матери и с теми, кто будет за ней ухаживать, и все. Можно обрывать концы. Меня примет кризисный центр, я буду работать, и мне не придется ежедневно видеть Вику и испытывать при этом непереносимое чувство вины перед ней.

В тот вечер, придя с Петровки прямо к матери, я позвонил Вике и предупредил, что ночевать не приду.

— Родственники твоей невесты наконец разъехались? — осведомилась она, впрочем, без малейшей враждебности в голосе.

— Да, — малодушно солгал я. — Теперь я буду жить здесь.

— А как же твои вещи? Разве ты не будешь их забирать?

— Заберу как-нибудь при случае, — отмахнулся я.

— Если тебя будут искать, что говорить?

— Спрашивай, что передать. Я буду позванивать тебе.

Вика не спросила, по какому телефону можно со мной связаться, и я был этому рад.

Три дня после этого я приходил по вечерам к матери, выслушивал ее бесконечные монологи о врагах, которые стремятся извести на корню всех русских в России, но все равно это было лучше, чем Викино покорное молчание. Мать, хоть и сумасшедшая, но не совсем безумная, поэтому у нее сразу возник вопрос, а почему, собственно, ее сын не ночует дома. И поскольку сын не смог придумать более или менее сносное вранье, то после монологов об антирусских настроениях в правительстве на мою голову выливались не менее длительные и эмоциональные монологи о том, какая сука и проститутка моя жена Вика, какая плохая она хозяйка, совершенно за мной не ухаживает и ни капельки меня не любит.

На четвертый день я, как обычно, позвонил Вике, чтобы узнать, кто меня искал, и услышал, что звонила Каменская из уголовного розыска, оставила свой телефон и очень просила ей перезвонить. Я дисциплинированно перезвонил.

— Нам с вами нужно еще раз встретиться, — сказала она.

— Хорошо, я приеду, — послушно ответил я.

На этот раз она встретила меня холодно, смотрела с нескрываемой враждебностью и вообще была какой-то другой.

— Вы нашли убийц Вити и Оксаны? — спросил я.

— Нет, пока не нашли. И в этом, Александр Юрьевич, есть и часть вашей вины.

— Не понял, — озадаченно протянул я.

— Вы назвали мне не всех, с кого Андреев брал деньги за передачи.

— С чего вы взяли? Я назвал всех.

— Может быть, забыли кого-то?

— Не может, — резко ответил я. — Я всех отлично помню. И всех назвал.

— Понимаете, какая штука получается, — задумчиво сказала Каменская, — мы нашли человека, который заказал газете статью о вашей передаче. Совершенно нейтральный человек, ни в чем плохом не замешанный. Понятно, что он выполнял всего лишь роль посредника. С него и взятки гладки. Но ни с кем из тех людей, которых вы назвали, он не контактирует. Среди его знакомых есть только один человек, который был гостем вашей программы, но в вашем списке его нет. Как же так, Александр Юрьевич? Выходит, одного-то человека вы умудрились забыть. Нехорошо.

Я начал злиться. Что она дурака валяет? Никого я не забыл. Кроме одного, которого не назвал умышленно. Того самого, благодаря которому я познакомился с Лутовым. Я просто не хотел, чтобы этого человека дергали работники милиции, я не хотел, чтобы у него были неприятности из-за меня. К убийству он не мог иметь никакого отношения, в этом я был абсолютно убежден. А всех остальных деятелей я наизусть помню, хоть ночью разбуди. И чего она ко мне привязалась? Крыса белобрысая. В этот момент я уже забыл, что именно благодаря ей, белобрысой крысе, я узнал, что моей жизни не угрожает и никогда не угрожала опасность, что никакого наемного убийцы не было. Сейчас эта странноватая женщина вызывала во мне только раздражение.

— Я вам еще раз повторяю: я назвал всех и ни одного человека не забыл, — зло сказал я. — Если вы не можете найти преступников, так это ваша головная боль, и нечего перекладывать ее на меня.

— У-у, вот как вы заговорили, — негромко произнесла она, глядя на меня с нескрываемым любопытством. — Ладно, не хотите вспоминать своих оплаченных гостей, будем с вами кино смотреть.

Только тут я заметил, что в кабинете появился видеомагнитофон, которого в прошлый раз здесь не было. Каменская вставила кассету и снова уселась за стол с пультом в руках. На экране возникло мое собственное лицо. Не успел я удивиться, как появилось второе лицо, и по оформлению задника я сообразил, что это запись одной из моих передач. Как раз той, где гостем был руководитель кризисного центра. Каменская остановила воспроизведение.

— Припоминаете?

— Да, конечно, — рассеянно кивнул я. — И что из этого?

— Пока ничего. Смотрим дальше.

Теперь на экране было лицо мне незнакомое. Человек сидел прямо перед камерой, но было понятно, что в съемке участвуют по меньшей мере двое, потому что чей-то голос задавал ему вопросы.

— Ко мне обратился человек с вопросом, может ли он опубликовать в газете свой материал. Я ответил, что на рекламное пространство существуют расценки. Он может купить место и печатать на нем все что пожелает. Он сказал, что это будет авторская статья, а не реклама.

— И что вы ему сказали?

— Сказал, что если суть написанного в статье не противоречит концепции издания, то возражений не будет. Он заверил меня, что в статье нет ничего политического и ничего оскорбляющего властные структуры. Кроме того, в ней нет ничего, что могло бы послужить поводом обращения кого бы то ни было в суд с иском о защите чести и достоинства.

— Вы сами видели статью?

— Нет, этим занимался редактор, ответственный за выпуск.

— Как называлась статья?

— «Прощай, лицо, да здравствует грим!»

— Вы знаете человека, который к вам обратился?

— Он был мне незнаком. Но он оставил свою визитку.

— Где она? Вы можете ее показать?

— Вот, пожалуйста.

Теперь весь экран занимала белая визитная карточка, на которой золотистыми буквами были написаны фамилия и имя. Они ровным счетом ничего мне не говорили.

Каменская снова нажала кнопку «стоп».

— Вам знакомо это имя?

— Нет. Я никогда его не слышал.

— Хорошо, пойдем дальше.

Теперь на экране был человек, которого я помнил очень хорошо. Татьяна Томилина. В студии я видел ее уже в гриме, и она тогда показалась мне довольно привлекательной дамой. Теперь же она выглядела просто уродиной. Без грима, да еще и свет неправильно поставлен...

— Я просто в отчаянии, — говорила она в камеру дрожащим голосом. — Журналисты набросились на меня со всех сторон, обвиняя в бесталанном графоманстве и в загребании бешеных гонораров. Я полностью утратила уверенность в себе, я не могу дописать книгу, которую начала. Наверное, я вообще больше никогда не буду браться за книги. Не знаю, как теперь жить... Хорошо, что есть человек, который старается мне помочь. Он — моя единственная надежда. Только он пришел на помощь в трудную минуту. Все близкие от меня отвернулись.

— Кто этот человек? — спросил голос за кадром.

— Как ни странно, журналист. Он пришел ко мне с предложением подготовить материал, который восстановил бы мою репутацию. Я отказалась, потому что унизительно оправдываться, если тебя считают бесталанной. Я очень переживала, и тогда он сказал, что может предложить мне другую жизнь, в которой все мои проблемы будут решены. И теперь я надеюсь только на него.

Снова остановка пленки.

— Ну как, Александр Юрьевич, вам это ничего не напоминает?

— Ничего, — я пожал плечами. — На меня журналисты со всех сторон не набрасывались. Так, куснули легонько один раз, гавкнули — и в будку спрятались.

Я действительно не видел ничего общего между собой и этой писательницей. Никто не обвинял меня в бесталанности, и творческий запал у меня не иссяк. А то, что в трудную минуту какой-то журналист протянул ей руку помощи, как протянул ее мне в трудную минуту Лутов, так ничего удивительного. У каждого человека случаются трудные периоды, и почти каждому кто-то рано или поздно приходит на помощь.

— Ну, раз не напоминает, тогда будем смотреть еще, — сказала Каменская, в очередной раз нажимая кнопку.

Теперь сюжет был более динамичным. На экране появилось еще одно знакомое лицо. Это был мой сокурсник, я знал, что сейчас он работает в одной из крупных газет.

— В вашей газете опубликована статья «Бешеные деньги», подписанная вашим именем. Кто ее написал на самом деле?

— Это не имеет значения. Мы с вами уже выяснили, что статья заказная.

На экране появилась газетная полоса. Мне хорошо были видны и заголовок, и отмеченные голубым маркером строчки и абзацы, где постоянно мелькало имя Томилиной в соседстве с пятизначными цифрами.

— Вы можете назвать человека, который ее заказал?

— Я его не знаю. Он имел дело не со мной, а с главным редактором. Но я его видел.

— Вы можете его узнать по фотографии?

— Разумеется. У него очень заметная внешность.

Теперь на экране появились чьи-то руки, раскладывающие фотографии на столе перед моим сокурсником. Надо же, я не могу вспомнить его фамилию. Помню только, что Вовчик.

— Посмотрите, нет ли среди этих людей того человека, который заказал статью.

— Есть.

— Вы его узнали?

— Да, узнал.

— Возьмите, пожалуйста, фотографию в руки и покажите в камеру.

У меня потемнело в глазах. С экрана на меня смотрел Лутов. Я еще не успел осознать случившееся, а сюжет уже стремительно двигался дальше. Еще один газетчик, еще один крупный план газетной статьи с выделенными маркером абзацами, снова раскладываются фотографии, и опять со снимка прямо в камеру смотрят добрые глаза Лутова. И опять: сотрудник газеты, статья, фотография...

— И последний сюжет, Александр Юрьевич. Наберитесь терпения, он совсем короткий, — сказала Каменская.

На экране снова появилась Томилина. Перед ней тоже раскладывали фотографии.

— Есть среди этих людей человек, который вам знаком? — задается ей вопрос.

— Есть.

— Кто этот человек? При каких обстоятельствах вы познакомились?

— Я не знаю, как его зовут, он не назвал своего имени. Это тот самый журналист, который хотел реабилитировать меня в печати. Он единственный, кто поддержал меня и предложил помощь.

— Покажите нам фотографию, на которой он изображен.

Когда я уже в десятый раз увидел на экране лицо Лутова, я даже не удивился. Но все равно ничего не понимал.

Экран погас, а я все сидел, как будто превратился в камень. Внезапно сильно разболелась голова, заныло сердце.

— А вам что он обещал? — спросила Каменская.

Я молчал. Разум отказывался верить в

происходящее. Лутов не мог меня обмануть. Пусть он трижды, пусть десять раз обманщик, но он же обещал мне помочь, и он слово сдержит. Потому что надеяться мне вообще больше не на кого. Жить мне негде, вернуться к Вике я не смогу, мне стыдно. Остаться в программе я тоже не смогу, я ведь заявил уже о своем уходе, и на мое место подыскали человека. В другую программу меня не возьмут, потому что репутация испорчена. Ребята погибли, я не смог удержать программу на нужном уровне и в газетах появилась разгромная статья, сам я после этого быстренько смотал удочки — кому такой работник нужен? Если я сейчас начну давать показания о Лутове, у него будут неприятности, может быть, эти неприятности коснутся и того центра, куда я собираюсь уйти. А я останусь ни с чем.

— Александр Юрьевич, я повторяю свой вопрос: что вам обещал Лутов?

— Я не понимаю, о чем вы говорите, — с усилием пробормотал я.

— Вы знакомы с тем человеком, фотографию которого вам показывали только что на кассете?

— Нет.

— Неправда, Александр Юрьевич. Вы бывали у него дома, это подтвердила его жена. Я понимаю, вам этот человек очень симпатичен и вы не хотите навлекать на него неприятности. Я уважаю ваши чувства. Поэтому я просто порассуждаю вслух, а вы вольны соглашаться со мной или не соглашаться. Но я очень надеюсь на ваш здравый смысл. Некая организация решила, что вы ей очень необходимы. Просто позарез. И начала против вас развернутое наступление. К вам на передачу приходит руководитель некоего кризисного центра, в связи с чем вы знакомитесь с Лутовым, неудачливым актером. Лутов делает первые шаги, общается с вами, но, вероятно, недолго. Присмотревшись к вам, они стали действовать активно и целенаправленно. Для начала они убили директора вашей программы Андреева и корреспондента Бондаренко. Дав вам несколько дней попереживать, к вам подсылают человека, который ловко разыгрывает спектакль прямо у стен этого здания, где мы с вами сейчас находимся. Этот человек не имеет никакого отношения к уголовному розыску и вообще к милиции, но он умело вкладывает вам в голову мысль о том, что ваша жена заказала убийство, желая от вас избавиться. После этого вы начинаете жить в постоянном ожидании смерти. Ваша жизнь превратилась в кошмар, и вот тут-то вы очень удачно вспоминаете о Лутове. Вернее, он не дает вам забыть о себе. Вы вдумайтесь, Александр Юрьевич: чтобы заполучить вас, они не остановились перед тем, чтобы убить двух человек, которые им ничем не помешали. Вас нужно было выбить из седла, и для этого были принесены в жертву две жизни. Вам самому не страшно принимать помощь от таких людей?

Я не хотел ее слушать. Что она говорит? Что за бред? Все это специально подстроено? Но зачем? Нет, нет и нет. Лутов — умный, добрый и достойный человек, он не может иметь к этому отношения. Он просто хочет мне помочь.

— Вы несете чепуху, — твердо сказал я. — Я не верю ни одному вашему слову.

— Хорошо, — неожиданно легко согласилась она. — Разубедите меня. Я готова выслушать ваши доводы. Но прошу вас не забывать о Томилиной. Именно Лутов организовал травлю ее в прессе, и именно он потом пришел с предложением помочь. Не исключайте, пожалуйста, эту историю из ваших рассуждений. И еще одно: если я не права и убийства Андреева и Бондаренко совершены по другим мотивам, то придумайте мне объяснение, кому и зачем понадобилось выдумывать историю с наемным убийцей.

Я пытался что-то сказать, но мысли разбегались в разные стороны, и ни одной связной фразы в голове не появлялось. Я хотел убедить ее, что Лутов ни в чем не виноват и ни к чему не причастен, но понимал, что сам хочу в это верить. А факты были против. И с этим ничего поделать было нельзя.

— Пока вы размышляете, я расскажу вам еще одну историю, — сказала Каменская. — У Татьяны Томилиной есть муж, который раньше был женат на другой женщине. От первого брака у него растет ребенок, прелестная девочка десяти лет. И вот практически одновременно с началом газетной кампании против Томилиной возникают осложнения с этим ребенком. Девочка рыдает, бьется в истерике и считает, что с рождением малыша в новом браке папа перестанет ее любить. Естественная реакция? Верно. Папа, то есть муж Томилиной, начинает каждый вечер после работы навещать дочь, чтобы успокоить ее и убедить в своей любви. И вдруг Томилина узнает, что ее муж не к дочери ездит по вечерам, а посещает дорогие рестораны в обществе своей бывшей жены, красивой и светской женщины, одетой в неимоверно дорогой костюм от Версаче. Можете себе представить душевное состояние Татьяны Григорьевны?! Собственно, как раз на этом душераздирающем фоне и появляется добрый журналист с предложением помощи. И знаете, что происходит потом? Томилина прямо спрашивает у мужа, был ли он в ресторане с бывшей женой. Муж в полной растерянности, потому что он там, естественно, не был. А ведь неизвестный доброжелатель не просто сказал, что видел их, он даже одежду подробно описал. И муж Томилиной, не желая мириться с неизвестностью, идет к своей бывшей супруге и, образно говоря, припирает ее к стенке. И выясняет очень интересную вещь. У нее, оказывается, завелся поклонник. Жутко состоятельный. Но без амурных претензий. Чисто деловые отношения. Он даже ей костюм от Версаче подарил и еще много денег обещал. А от нее требовалось только одно: настроить дочь против новой жены отца. Вот и все. Какая малость, правда? Ничтожная малость. Подумаешь. Зато в награду — костюм за тысячу с лишним долларов.

— Замолчите! — закричал я, не справившись с собой.

Отчаяние захлестнуло меня. Боже мой, что же это происходит?

— Что вы со мной делаете? Вы же лишаете меня всего! Последней надежды... Не трогайте Лутова, я вас умоляю!

Я нес какую-то чушь, и сам осознавал, что говорю глупости, но слова помимо моей воли вырывались из меня. Разум понимал одно, сердце хотело другого.

— Да, пусть он все это подстроил, пусть он убил кого-то, пусть развел меня с Викой, оставил без работы, но он это уже сделал, понимаете? Это УЖЕ случилось. И поправить это можно только одним способом: дать мне возможность принять его помощь. Вы же лишаете меня этой возможности.

— Я все понимаю, — тихо сказала Каменская. — Я понимаю, как вам тяжело, Александр Юрьевич. Но я хочу найти ответ на вопрос: зачем? Зачем он все это сделал? Зачем ему нужно, чтобы вы приняли его помощь? С Томилиной мне все понятно. Она — автор книг, на издании которых можно заработать очень большие деньги. А вы? Зачем вы ему нужны?

Кроме вас, никто мне на этот вопрос ответить не сможет.

— Я не знаю, — растерянно прошептал я. — Я не знаю. У меня ничего нет. Лутов сказал, что им ничего и не нужно. Правда, все мои будущие доходы будут принадлежать им. Но сейчас им не нужно ничего, я могу прийти к ним в одной рубашке и без копейки в кармане.

— А у вас предвидятся большие доходы в будущем? — спросила она.

— Нет... Откуда?

ГЛАВА 21

— У них все чисто, все пристойно, ни с какой стороны не подкопаешься.

Юра Коротков оседлал стул верхом и раскачивался на двух ножках, как на детской лошадке-качалке. Два дня он занимался тем, что выяснял подробности деятельности кризисного центра, организованного благотворительным фондом помощи людям, оказавшимся в кризисной ситуации. Центр находился в Подмосковье, занимая когда-то полуразрушенную, но ныне приведенную в порядок на деньги фонда больницу. Туда приходили люди, попавшие в тяжелую жизненную ситуацию и не видящие иного выхода, кроме смерти. С ними занимались врачи, психологи, психотерапевты, им подыскивали рабочие места с учетом образования, имеющейся профессии и личных склонностей. Им возвращали вкус к жизни, их окружали любовью и заботой. В основном пребывание в центре было платным, но некоторым категориям пациентов оказывали бесплатную помощь. Например, инвалидам, участникам вооруженных конфликтов, многодетным матерям, безработным. Короче, все как полагается. И никаких самозванцев или шарлатанов, все врачи имеют дипломы.

— Там особенно не развернешься с нашей оперативно-розыскной деятельностью, — сообщил Юра. — Фонд, между прочим, международный, основан группой частных лиц исключительно из соображений благотворительности, имеет такие кризисные центры во многих странах мира, и все они являются частной собственностью. А проникновение в частное владение, сама понимаешь... Так что извини, что смог — то сделал.

Настя слушала его, задумчиво постукивая шариковой ручкой по чистому листу бумаги.

— И что, пациенты там взаперти находятся? — спросила она.

— Да Бог с тобой! Гуляют где хотят, на работу ездят. Некоторые вообще в своих семьях живут, а туда только каждый день приезжают на занятия с психологами и прочими специалистами. Нет, Ася, там действительно все чисто и пристойно.

— На первый взгляд, — уточнила она. — Потому что на самом деле там среди пациентов есть люди, которые приносят фонду огромные деньги. И людей этих подбирают специально, как Уланова или нашу Татьяну. Высматривают, примериваются к ним, а потом берут в такой оборот, что надо иметь недюжинную моральную силу, чтобы не попасться. И ведь не зацепишь их ни на чем. Даже если случится невероятное и мы найдем среди пациентов центра людей, принесших ему большие деньги, мы никогда в жизни не докажем, что эти люди приведены туда умышленно. Понимаешь? Да, человек оказался в тяжелой ситуации, мы предложили ему помощь, пока не случилось непоправимое. Да, это не он к нам пришел, а мы сами сделали первый шаг к знакомству, а что в этом зазорного? Мы же видим, что человеку плохо, зачем же ждать, пока он попытается руки на себя наложить. Беду надо вовремя предотвратить, иначе вся наша деятельность бессмысленна. И вообще это концепция нашей организации. «Предотврати беду». Красиво звучит, правда? У нас в милиции ведь тоже считается, что лучше предотвратить преступление, чем потом его раскрывать. Да, пациент отдает им все свои доходы, но он делает это добровольно, потому что, во-первых, благодарен за помощь, а во-вторых, разделяет идеи фонда и хочет принять посильное участие в благотворительности, чтобы помощью таких кризисных центров могли воспользоваться как можно больше людей во всем мире. База железная, Юра. Никаких аргументов против. Потому что мы не можем сделать самого главного. Мы не можем доказать, что тяжелая ситуация, в которую попадают некоторые состоятельные пациенты, создана умышленно самим фондом или центром. Вокруг этих пациентов ложатся трупы, их бросают любимые жены и мужья, их дети становятся преступниками и наркоманами, их выгоняют с работы, но у нас нет способов привязать эти события к людям из фонда. Так что перспективы никакой. Это Уланова мы сумели обмануть и подсунули ему на кассете чистую липу, чтобы заставить его заговорить. А на самом деле все статьи в газетах заказывали разные люди. И найти их мы никогда не сможем. И костюм Маргарите покупал вовсе не Лутов, а какой-то совсем другой мужчина. А Иришкин жених — вообще мифическая личность. Ни в одном банке Москвы Стасов его пока не нашел, но даже если и найдет, так что? Ухаживать за красивой молодой женщиной и предлагать ей руку и сердце — это криминал? Обознаться и принять одного человека за другого — тоже большой грех? А то, что он окажется случайно знакомым с кем-нибудь из фонда или из центра, ни к какому уголовному делу не пришьешь. Куча косвенных улик, и больше ничего толкового. Из суда за такое уголовное дело старыми рваными тряпками погонят. Никогда нам с тобой, Юрик, это дело до конца не размотать. Если, конечно, случайность какая-нибудь не поможет. Единственное, что у нас есть, это Лутов, но что мы ему предъявим? Познакомился с тележурналистом Улановым, а потом тот сам прибежал помощи просить. За это в тюрьму не сажают. Татьяне представился журналистом? Ну и что? А он тебе скажет, что увидел в газетах многочисленные статьи, направленные против известной писательницы, книги которой ему очень нравятся, и по согласованию с центром решил предложить ей помощь, пока до беды не дошло. Почему представился журналистом? А почему бы и нет? Он — актер, профессиональный актер, и он счел эту роль наиболее приемлемой для знакомства с писательницей. Ведь ему нужно, чтобы она его выслушала. А как еще он мог с ней познакомиться? Ох, Юрка, так обидно бывает, когда столько сил положишь на какое-нибудь дело, бьешься с ним, бьешься, ночей не спишь, голову ломаешь, пока все не распутаешь. А когда распутаешь — понимаешь, что все без толку. Доказательств — минус ноль целых восемь десятых. И никого не зацепишь. Если бы мы могли найти убийц Андреева, Бондаренко, Юлии Готовчиц, Инессы или Димки Захарова, мы бы из-под себя выпрыгнули, но выявили бы их связь с центром. Хотя бы одного убийцу, а? Ну что ты смеешься, Юрка! Дай помечтать.

— Ася, хочешь, я тебе продам грандиозную идею? И твои мечты воплотятся в явь.

Он говорил шутливым тоном, но глаза его были серьезны. Настя медленно положила ручку на стол. Ей было страшно даже обсуждать это. Потому что она очень хорошо знала своего давнего друга и коллегу Юру Короткова и могла вполне безошибочно предугадывать ход его мыслей.

— Юра, не смей, — твердо сказала она. — Даже думать об этом забудь.

— Да чего ты, Ася? Все сделаем как по маслу, комар носа не подточит.

— Я сказала — не смей. Не дай Бог что не так, мы до смерти себе не простим.

— Да ну тебя, — Коротков огорченно махнул рукой, — вечно ты прямо в полете крылья подрезаешь. Ты сегодня злая, и я тебя не люблю. Вот проспишься за ночь, завтра и поговорим.

* * *

Татьяна не торопясь вышла из женской консультации. Она и позавчера сюда приходила, и вчера, и вот еще сегодня. Шла она тяжело и осторожно, и лицо у нее было расстроенное. Доехав на метро до своей станции, она вышла и дальше добиралась на автобусе. Автобусная остановка была далеко от дома, и Татьяна шла медленно, глубоко вдыхая теплый воздух, наполненный весенними ароматами. Единственное достоинство новостройки, думала она, — это невысокая по сравнению с центром Москвы загазованность. Здесь хоть подышать есть чем. Возле магазина она еще больше замедлила шаг, размышляя, нужно ли что-нибудь покупать домой. Кажется, холодильник забит битком, все необходимое есть. Но вдруг глаз на что-нибудь упадет? На что-нибудь невероятно вкусное и соблазнительное. Весь период беременности Татьяна мучилась неожиданными и непредсказуемыми гастрономическими желаниями. То ей хотелось салат из морской капусты, хотя за всю предыдущую жизнь она его ела раза два и без всякого удовольствия, то, как недавно, мучительно хотелось мороженого, к которому она всегда была равнодушна.

Она вошла в магазин и почти сразу увидела его, того самого журналиста с добрыми глазами. Теперь она знала его фамилию — Лутов. Он покупал в молочном отделе йогурты и пудинги. Татьяна решила не окликать его и остановилась возле ближнего к двери прилавка.

— Татьяна Григорьевна, — услышала она его голос.

Повернувшись, Татьяна изобразила вежливую улыбку.

— Здравствуйте. Вы опять навещаете маму?

— Да, опять. Я часто у нее бываю. Просто удивительно, что мы с вами раньше здесь ни разу не встретились. Как ваши дела?

— Неважно, — она грустно вздохнула. — Проблемы со здоровьем.

— Да что вы? — сочувственно сказал Лутов. — Что-нибудь серьезное?

— Боюсь, что да. Знаете ли, первые роды в моем возрасте — это всегда сложно. А тут еще лишний вес, сердце не справляется. Врачи говорят, что мне нужно очень беречься, потому что малейшее волнение или испуг могут оказаться роковыми. Короче, сплошные беды на мою голову. И чем я так перед судьбой провинилась?

— Ну полно, полно, Татьяна Григорьевна, — ласково заговорил Лутов, — не надо так убиваться. Кстати, вы подумали над моим предложением?

— Я... Знаете, мне как-то не до этого было. Я очень плохо себя чувствую, и все мысли у меня сейчас о ребенке. Извините, я не хотела вас обидеть.

— Что вы, — он улыбнулся ей приветливой и очень доброй улыбкой, — это вы меня извините, что пристаю со всякими глупостями, когда у вас столько проблем. Может быть, вам нужны хорошие врачи? Могу помочь, у меня есть связи в медицинском мире.

— Да нет, спасибо вам, у меня и так

хороший врач. Но даже он предупредил, что бессилен перед моим сердцем. Мне надо быть очень осторожной, расстраиваться нельзя, плакать нельзя, нервничать нельзя. Короче, жить вредно, от этого умирают.

Она резко повернулась и пошла к выходу. Лутов не стал ее догонять.

* * *

— У нас хорошие новости. Перед Томилиной стоит реальная угроза потерять ребенка. Так что если мы ей в этом поспособствуем, никто ничего не заметит и не заподозрит.

— Так, может, не надо дергаться зря? Все само собой произойдет.

— А если не произойдет? Вдруг она окажется такой крепкой, что сможет его нормально доносить? Нет, на судьбу полагаться не будем. Врачи говорят, что ей ни в коем случае нельзя волноваться, нервничать и пугаться. А ведь жизнь кругом полна неожиданностей. В любой момент и в любом месте может случиться что-нибудь, что ее испугает или расстроит. Ей станет нехорошо, закружится голова, заболит сердце. И тут как тут под рукой должен оказаться врач со шприцом и лекарством. Ты понял меня? В любой момент и в любом месте. Глаз с нее не спускать.

— Да ладно, раскомандовался, тоже еще. Власть почувствовал, пока шеф в отъезде? Вот он на днях вернется, покажет тебе власть.

— Так то, милый мой, на днях, а не раньше. А пока я здесь главный, заруби это на своем искривленном носу. Чтобы через час были врачи с лекарством наготове. Три человека как минимум, чтобы работать в три смены и не примелькаться. И круглосуточно дежурить возле дома, где живет Томилина. Как только она выходит на улицу, быть с ней рядом неотлучно. Упустите момент — башку оторву.

* * *

Сегодня Настя наконец ночевала в своей московской квартире. Состояние свекра стабилизировалось, и его перевели в общую палату, где круглосуточно дежурить родственникам уже не разрешали, да и необходимости в этом не было.

Квартира показалась Насте какой-то запущенной и чужой. Особенно по контрасту с только что отремонтированной и сверкающей чистотой квартирой Стасова. «Что поделать, — подумала она, —

у Стасова две энергичные домохозяйки, а в этой квартире только одна, да и то, во-первых, ленивая, а во-вторых, работающая с утра до ночи. Но меня это, конечно, не оправдывает. Я веду себя просто безобразно».

Приготовить ужин было не из чего, она не была здесь больше недели и никаких продуктов не покупала, а то, что оставалось в холодильнике, или уже пришло в негодность, или не годилось для употребления в чистом виде. Масло, майонез, лимон — из этого, как говорится, каши не сваришь. Остатки «Докторской» колбасы скрючились от горя и одиночества и даже слегка позеленели от злости на то, что их вовремя не съели. Единственный выход — сварить гречку и употребить ее со сливочным маслом. Как Лешка ее учил? Кажется, залить крупу кипятком в пропорциях два к одному и варить на маленьком огне. Ладно, попробуем, не помирать же с голоду.

Поставив греться воду, Настя пошла в комнату раздеваться. Не успела она стащить через голову свитер, как требовательно зазвенел телефон. Это оказалась ее приятельница по университету. Они перезванивались очень редко, но все эти годы сохраняли друг к другу искреннюю симпатию. Приятельница по имени Лена была замужем за каким-то преуспевающим адвокатом, но Настя не была с ним знакома и ни разу не видела его.

— Настя, ты извини, что я без предисловий. Мне нужна твоя помощь, — заявила Лена. — Ты все еще в розыске работаешь?

— Пока не выгнали, — улыбнулась Настя. — Какие у тебя проблемы?

— Мне нужно найти одного человека. Поможешь?

— Смотря зачем он тебе, — осторожно ответила Настя.

Она не любила такие просьбы, ибо знала, что даже самые хорошие знакомые могут поставить тебя таким манером в очень сложное положение.

— Это... Нет, не так. Я не хотела говорить...

Лена замолчала, и Насте показалось, что она всхлипнула.

— Что случилось, Леночка? — встревоженно спросила она. — Ты что, плачешь?

— Вадик погиб, — прорыдала приятельница в трубку.

Вадик? Кто это? Ах да, это же ее муж, вспомнила Настя. Ну надо же, беда какая!

— Ты прости, — продолжала говорить

Лена, стараясь подавить рыдания, — я не хотела говорить тебе, потому что я сразу начинаю плакать. Но если не говорить, ты не поймешь.

— Ничего, не извиняйся. Как это случилось?

— Машина... Он попал в аварию... Сгорел вместе с машиной. Сейчас, извини...

В трубке послышались всхлипывания и глубокие вздохи.

— Все, — сказала Лена уже спокойнее, — я в норме. С тех пор, как это случилось, каждый раз одно и то же. Стоит только заговорить об этом — и сразу в слезы. А как не говорить? Ему звонят, и что мне отвечать? Что он за хлебом вышел? Ладно, не обращай внимания. В общем, это было ужасно, но я это пережила. Вместе с Вадиком в машине сгорели все документы, которые были у него с собой, но дома кое-какие бумаги сохранились. Не все, конечно, но кое-что. Он работал в адвокатской конторе «Горенштейн и компаньоны». У них были постоянные связи с зарубежными партнерами, и понятно, что дела Вадика, которые он не закончил, перешли к партнерам. Но некоторые поручения он принимал и выполнял лично, минуя контору, понимаешь?

— Понимаю. И что в связи с этим?

— Эти поручения очень хорошо оплачиваются, потому что носят достаточно конфиденциальный характер. А у меня сейчас такие проблемы с деньгами... И я решила попробовать сделать то, что Вадик не успел. Я имею в виду эти конфиденциальные заказы. Я же все-таки юрист, почему бы не попробовать. Вот я порылась в его бумагах и нашла заказ на розыск наследников, проживающих на территории России. Он совершенно точно не успел этот заказ выполнить. И я подумала, что с твоей помощью... В этом же нет ничего плохого, правда?

— Правда, — согласилась Настя. — Все вполне законно. А почему ты думаешь, что твой муж не успел выполнить этот заказ? Мы с тобой сейчас напряжем интеллект, поставим на уши кучу людей, и вдруг окажется, что эта информация никому не нужна, потому что Вадим ее уже добыл и деньги за нее получил.

— Нет, я точно знаю. У него документы по выполненным заказам подшиты в архивные папки. Он же был жутко аккуратный, каждая бумажка на своем месте. А те бумаги, которые я нашла, все в текущих делах лежали и неподшитые. Так как, Настя? Поможешь? Знаешь, деньги очень нужны.

— Ну конечно, Леночка, какие проблемы. Говори, какие сведения есть.

Прижав трубку к уху плечом, Настя старательно записывала то, что диктовала ей университетская приятельница, и одновременно прикидывала, кому ей завтра нужно будет позвонить и куда обратиться, чтобы как можно быстрее разыскать родственников человека, уехавшего из России Бог знает сколько лет назад.

Закончив разговор, она вышла на кухню и с огорчением обнаружила, что вода, предназначенная для приготовления гречневой каши, не только закипела, но уже почти вся выкипела. Тяжело вздохнув, Настя начала все сначала. Налила в кастрюльку воды, на этот раз побольше, поставила на огонь и отправилась принимать душ.

Стоя под горячими упругими струями воды, она размышляла над тем, что рассказала Елена. Надо же, какие странные люди бывают! Уехал человек из России чуть ли не в начале века, еще до революции, маленьким ребенком был вывезен родителями, спасавшимися от наступления большевизма, оставшихся в лагере социализма родственников и знать не хотел, стал на Западе крупным промышленником, окончил свои бренные дни в возрасте девяноста двух лет, сколотив немалый капитал. И вдруг на пороге кончины вспомнил о том, что товарищем его детских игр был троюродный братик, ровесник. То есть ему кажется, что ровесник, но точно он не помнит. Братик остался в России, потому как его семья взглядов своих родственников на исторические перспективы не разделяла и считала, что все обойдется. Не обошлось, как мы теперь знаем. Но канадскому мультимиллионеру с русской фамилией Дымковец на десятом десятке лет воспоминания о маленьком братике грели душу. А тут еще многочисленная родня наготове у смертного одра столпилась, наследство делить собирается. Почему-то это господину Дымковцу ужасно не понравилось, он высказал каждому в глаза все, что думает о них, и отписал в завещании всем им по чуть-чуть (в пределах прожиточного минимума), а все остальное — оставшимся в России потомкам своего троюродного брата или даже ему самому, ежели он жив еще. Есть, конечно, подозрение, что миллионер к моменту кончины впал в маразм, но медициной это не подтверждено, родственнички не успели вовремя подсуетиться, стало быть, опротестовывать завещание невозможно. И волю покойного придется исполнять. А вот если наследников в России в течение года после смерти Дымковца не найдут, тогда все миллионы останутся тем, кто в Канаде. Так написано в завещании. Более того, хитроумный Дымковец, неплохо представляя себе трудности, которые возникнут в связи с поисками семьи его брата, особо указал в завещании, что если его адвокатам удастся разыскать русских наследников, то им причитается немалая сумма в виде вознаграждения за труды. Так что старик простимулировал своих юристов, чтобы землю носом рыли, а не дремали на солнышке.

Вот эти адвокаты и обратились к мужу Елены с просьбой посодействовать в поисках. И сумму вознаграждения оговорили весьма солидную. И что плохого, если Ленка заработает эти деньги, а кому-то в России на голову свалятся несчитанные канадские миллионы? Всем радость. Кроме канадской родни, разумеется.

Поглощенная своими мыслями, Настя снова забыла о пресловутой воде для гречневой каши. В ужасе спохватившись, она судорожно вытерлась большим махровым полотенцем, накинула халат и выскочила на кухню. Вода уже давно закипела, но, к счастью, ее еще оставалось достаточно.

Она с трудом дождалась, пока гречка сварится. Многодневное недосыпание давало о себе знать, и, набив желудок горячей вкусной кашей, Настя забралась в постель и мгновенно провалилась в сон.

На другой день она проснулась со странным ощущением. Она совершенно не помнила, чтобы ей что-то снилось, но чувство было такое... Даже и не выразить словами. Вот иногда пишут: «Ей было видение». Когда читаешь, кажется сказкой для дураков. Но сейчас Насте казалось, что именно это с ней и произошло. Ей было видение.

Она боялась думать об этом.

«Так не бывает», — твердила она себе, пока чистила зубы и умывалась.

«Этого не может быть», — думала она, держа в руках вибрирующую и оглушительно жужжащую кофемолку.

«Мне померещилось», — в джезву заливается горячая вода.

«Это случайность, это просто совпадение», — ароматный кофе наливается в большую фарфоровую чашку.

«Судьба не посылает таких подарков. Это было бы слишком просто», — два первых глотка обжигающего кофе бальзамом разливаются по сонному организму.

«Подарки судьбы надо заслужить. А я не заслужила», — первая утренняя сигарета и первая, с наслаждением, глубокая затяжка.

— В конце концов, чего я так мучаюсь? — громко сказала она вслух и от звука собственного голоса почувствовала себя увереннее. — Надо проверить и убедиться, вот и все.

* * *

Ирочка уже второй день ходила угрюмая, и по квартире больше не разливался ее звонкий голосок. Она внимательно выслушала все, что ей рассказали Татьяна и Стасов о ее женихе. Это был удар, с которым справиться было непросто.

— Ну почему вы оба думаете, что он нарочно оклеветал Владика? — вытирая беспрестанно льющиеся слезы, говорила Ира. — Он просто обознался. Такое с кем угодно может случиться.

— Ириша, он не обознался. Он точно описал мою одежду и костюм, в котором якобы была Рита. Не может быть, чтобы он увидел в ресторане человека, похожего на меня, с женщиной, подходящей по описанию под Маргариту, да еще эти люди были бы одеты так, как надо. Не бывает таких совпадений, — терпеливо объяснял ей Стасов уже, наверное, в двадцатый раз. — Я понимаю, он тебе очень нравится, ты влюбилась, но что ж поделать, детка, надо смириться. Он тебе звонил сегодня?

— Звонил, — всхлипнула Ира.

— На свидание приглашал?

— Нет, ему надо уехать на несколько дней по делам.

— Можешь быть уверена, он больше тебе не позвонит, — вставила Татьяна. — У тебя есть его телефон?

— Нет.

— И фамилию его ты, конечно, тоже не знаешь.

Ира подавленно молчала. Татьяна знала, о чем сейчас думает ее родственница. Задним-то умом мы все крепки. Зачем тебе номер телефона, если человек и без того все дни проводит вместе с тобой? Зачем тебе его фамилия, если он ласково смотрит в глаза, дарит невероятные букеты и водит в дорогие рестораны, предлагает руку и сердце и обещает отдых в Майами? От свалившегося внезапно счастья так плавятся мозги, что и собственное имя забудешь. А Ирка такая влюбчивая... И такая доверчивая. Смотреть на ее горе было невыносимо.

— Слушай, а чего там наша Настасья говорила насчет женихов? — шепотом спросил Стасов, когда Ира вышла из комнаты.

— Она нам Мишу Доценко сватала, — так же тихонько ответила Татьяна. — Говорит, он хороший парень. Холостой, умненький, и внешность удалась. Ты думаешь, Иришку надо отвлечь?

— Ну... Отвлечь — не отвлечь, но попробовать не мешает, — неопределенно откликнулся Стасов. — А вдруг у них срастется?

Разработку коварных планов пришлось прервать, потому что вернулась Ира. Насупившись, она уселась перед телевизором и принялась «скакать по каналам». Эту ее привычку Татьяна совершенно не выносила, но сегодня решила сдержаться и ничего не говорить.

— А как же Лиля? — внезапно спросила Ирочка, не отрываясь от экрана, где как раз начался очередной раунд правосудия по-техасски.

— С ней все в порядке, — ответил Владислав.

— Вы поедете на море?

— Конечно, я же обещал ей.

— А Маргарита Владимировна тоже поедет?

— Нет, Рита с нами не поедет.

— Неужели она действительно могла из-за какого-то костюма так обойтись с ребенком? Я этого не понимаю.

— Ириша, не примеряй на себя. Рита совершенно другой человек. Она светская дама, она постоянно крутится в среде киношников, и для нее костюм за тысячу долларов — это все равно что визитная карточка, на которой написано, что она преуспевает и у нее все в большом порядке. Она сама никогда не смогла бы купить себе такой костюм. И потом, уверяю тебя, она не ожидала, что Лиля отреагирует так бурно. Она рассчитывала, что девочка просто надуется и начнет требовать моего постоянного присутствия. А когда Лиля начала рыдать без остановки, Рита тоже растерялась, но хода назад уже не было. Что сказано — то сказано. И костюм уже в шкафу висит. Да Бог с ней, с Маргаритой, ее не переделать.

— Все равно это жестоко. Нельзя так с детьми обращаться, — по-прежнему не оборачиваясь, сказала Ира. — Даже со взрослыми так нельзя.

Она снова заплакала, на этот раз совсем тихо, давясь слезами. Стасову и Татьяне были видны только ее подрагивающие плечи. Они ее не утешали. Что толку? Ей больно, это понятно. Но свою боль каждый человек должен переживать сам. Он должен сам к ней привыкнуть и сам научиться с ней справляться.

* * *

Он шел за ней уже второй час. Томилина, видимо, действительно плохо себя чувствует, потому что за час с небольшим прошла совсем немного. То и дело присаживалась на скамейки, отдыхала. Преследовать ее в этом новостроечном районе было трудно, приходилось держаться на расстоянии. Людей немного, улицы еще не застроены киосками и палатками, все просматривается. Но, с другой стороны, если повезет и Томилиной понадобится медицинская помощь именно здесь, то все шансы за то, что он окажется первым и единственным врачом, который окажется поблизости.

Томилина остановилась, оперлась одной рукой о дерево, другой отерла выступившую на лбу испарину. Постояла немного и двинулась дальше. Его восхищало то упорство, с каким эта грузная нездоровая женщина продолжала выходить на прогулки несмотря на то, что ей это явно было не по силам.

Она дошла до угла и скрылась за поворотом. Это был ее постоянный маршрут, и он знал, что дальше идет прямая, как стрела, улица, поэтому близко подходить нельзя. Надо отпустить ее подальше, чтобы не попадаться лишний раз на глаза.

Он замедлил шаг, и в этот момент с той улицы, куда свернула Томилина, послышался нарастающий рев мотора и визг тормозов. И тут же раздался женский крик. Он рванул вперед и пулей домчался до угла.

Вот он, тот случай, которого они ждали! Томилина стояла на коленях на проезжей части, держась обеими руками за живот. Перед ней — красные «Жигули» с распахнутой дверью. Какая-то девица, затянутая в умопомрачительно узенькие брючки, склонилась над Томилиной и, кажется, пытается помочь ей встать. Немногочисленные прохожие, ахая и качая головами, уже группируются вокруг места аварии.

Он стремительно подлетел к ним. Оттолкнул девицу и схватил Томилину за запястье.

— Я врач, — произнес он как можно увереннее. — Что здесь произошло? Где водитель?

— Это я, — тоненько пискнула девица в брючках. — Я не виновата, здесь нет ограничения скорости. А она стала дорогу переходить передо мной...

— Носятся как угорелые! — послышались возмущенные голоса обступивших их прохожих. — И как не стыдно! На похороны свои, что ли, опоздать боишься?

— Но здесь даже пешеходного перехода нет, — оправдывалась девица-водитель. — Откуда я могла знать, что она на проезжую часть выйдет.

Девица вступила в перепалку с прохожими, которые, убедившись, что ничего интересного не происходит и никто не умер, стали потихоньку расползаться.

— Машина вас задела? — деловито спросил он, нащупывая пульс. Пульс был так себе, частил, и наполнение плохое.

— Да, немного, — дрожащим голосом ответила Томилина. — Я очень испугалась.

— Куда пришелся удар?

— В бедро. Как голова кружится... Я, наверное, идти не смогу.

— Ничего страшного, — успокоил он

ее. — Давайте я помогу вам встать, мы дойдем вон до той скамеечки, и я сделаю вам укол. Подстимулируем сердечко, и все будет в порядке.

Он помог ей встать и повел на противоположную сторону, где действительно в тени густой листвы стояла скамейка.

— Вы правда врач? — спросила она, тяжело опираясь на его руку.

— Честное слово. Работаю на «скорой помощи». В свободное время подрабатываю, хожу к пенсионерам укольчики делать.

Он усадил ее на скамейку и раскрыл сумку.

— Все свое, как говорится, ношу с собой. У моих пенсионеров сердце и сосуды — главная проблема. Так что все нужные вам лекарства у меня есть.

Он незаметно огляделся по сторонам и убедился, что никто не обращает на них ни малейшего внимания. Ну надо же, как все удачно сложилось! Что бы ни произошло в дальнейшем, все можно будет списать на этот инцидент с машиной. Упала, ударилась, испугалась — целый букет факторов, повлиявших на потерю ребенка.

— Рукавчик закатайте, пожалуйста, — попросил он, доставая шприц и ампулу.

Томилина расстегнула манжету на рукаве красивой синей с белым ветровки и обнажила руку. Он бросил взгляд по сторонам. Улица снова пустынна, только девица, сбившая Томилину, так и стоит возле своих красных «Жигулей», бледная вся, перепуганная, кажется, даже больше, чем сама пострадавшая.

— Может, ее в больницу отвезти? — крикнула она.

— Не надо, — громко ответил он. — У нас все в порядке. Поезжайте. Только не гоняйте больше как угорелая.

Девица поколебалась, потом села в машину и медленно тронулась. Он протер ваткой, смоченной в спирте, место укола.

— Ну вот, сейчас все будет в порядке. Вам не лучше?

— Нет, — пробормотала Томилина, вдруг сделавшись синюшно-бледной, — кажется, хуже стало.

— Ничего, ничего, сейчас... Вон как у вас веночка хорошо видна...

Он взял в руку шприц и в первый момент не понял, почему не может ввести иглу в вену. Рука стала непослушной и не могла двинуться ни вперед, ни назад. И только потом он сообразил, что какие-то люди держат его с двух сторон. Откуда-то снова появились те самые красные «Жигули». Выскочившая из машины девица тоже вихрем подлетела к ним и аккуратно вынула шприц из его сжатых пальцев. Задняя дверца «Жигулей» распахнулась, вышли двое мужчин и подошли ближе.

— Начнем, пожалуй, — скучным голосом сказал один из подошедших. — Валентина, отвези Татьяну Григорьевну домой и возвращайся сюда. Коля, съемку сделал?

— Обязательно, — отозвался один из тех, кого он не видел, потому что этот человек стоял у него за спиной и крепко держал за локоть.

— Ну и славненько. Ребятки, быстро фиксируем обстановку на месте, все шприцы и ампулы маркируем — и в управу. Гражданин, может, вы нам сразу скажете, какой препарат пытались ввести?

Он, конечно, молчал. Но в общем-то понимал, что эта мера временная и абсолютно бесполезная. Он попался. Ах ты, черт возьми! Как же так? Неужели они его заманили в ловушку?

* * *

Настя не помнила, приходилось ли ей когда-нибудь так кричать. То есть она, конечно, не кричала в полном смысле слова, но говорила на таких повышенных тонах, что сама себе удивлялась.

— Как ты мог?! Как ты посмел?! Вводить беременную женщину в комбинацию! У тебя в голове есть хоть капля разума?

Коротков ничего не мог с собой поделать. Он в глубине души признавал, что Аська права, но все равно не мог справиться с улыбкой, помимо воли растягивавшей его губы.

— Ну чего ты кричишь? — увещевал он ее как малого ребенка. — Чего ты кричишь? Во-первых, Таня сама предложила эту идею. Во-вторых, ее муж Стасов ее поддержал. В-третьих, ты же знаешь Валюшку, она машину водить научилась раньше, чем по земле ходить. К твоему сведению, она с восемнадцати лет состоит в ассоциации каскадеров и систематически снимается в кино со всякими автомобильными трюками. Для нее поставить такую сцену — плевое дело. Гарантия безопасности — двести пятьдесят процентов. Татьяне всего-то и нужно было в определенный момент тихонечко опуститься на колени, вот и все. Чего ты психуешь?

— А вдруг что-нибудь не получилось

бы? Вдруг она упала бы, ударилась, испугалась? Ты об этом подумал?

— Но она же не упала и не ударилась, — возразил Коротков. — Аська, не порти мне праздник. Ты же мечтала найти хоть одного убийцу. Вот я тебе его доставил на блюдечке с упоительными розочками, а ты все недовольна. У него полная сумка всякой отравы, при помощи которой он собирался лишить Таню и Стасова их ребенка. Теперь ты можешь вцепиться ему в глотку и разматывать весь клубок до самого фонда. Ну, Ася, перестань дуться. У нас же все получилось.

— Получилось у них, — проворчала она, все еще кипя от возмущения. — Самоделкины несчастные. Бить вас некому.

— Как это некому? А Колобок на что? Мы еще от него получим все, что причитается. Так что ты, подруга, можешь отдыхать пока.

* * *

Я не понимал, о чем она говорит. Какое наследство? Какие миллионы? Да, мать как-то упоминала, что у моего деда были дальние родственники, которые эмигрировали из России еще до революции, но с тех пор от них не было ни слуху ни духу. Мать даже фамилии их не знала.

— Троюродный брат вашего деда оставил все состояние вашей матери. Соответственно и вам, поскольку ваша мать недееспособна, а вы являетесь ее опекуном, а потом и наследником. Фонд вступил в сговор с адвокатами наследодателя, и они в частном порядке через одного московского юриста стали разыскивать наследников. Как только этот юрист выяснил, что наследниками являетесь вы с матерью, его быстренько убрали. Он стал не нужен и опасен, ибо обладал знанием о ситуации. И принялись за вас. Теперь понятно?

— Я не могу... Не могу поверить в это.

— Вам придется, — мягко сказала Каменская. — Вам же не зря Лутов говорил, что вы можете прийти в центр босым и голым, но все ваши последующие доходы будут обращены в их пользу. Вот они, эти последующие доходы. Ради них все и затевалось. Вы написали бы официально заверенный документ о том, что доверяете юристам фонда распоряжаться всем вашим имуществом, и на этом все закончилось бы. У нас в России законы другие, но на Западе это в порядке вещей. А введение вас в наследство происходило бы именно там. Вы по-английски говорите?

— Нет...

— А по-французски?

— Нет. Я учил немецкий, — зачем-то уточнил я.

— Ну вот, видите. А коль адвокаты наследодателя являются лицами заинтересованными, то будьте уверены, вас бы обвели вокруг пальца в пять секунд. Вы бы и заметить ничего не успели. Вам скажут, что ваш двадцатиюродный дедушка оставил вам маленький домик для гостей в своем поместье, вы распишетесь в том, что не претендуете на него и дарите благотворительному фонду помощи людям, попавшим в кризисную ситуацию, и на этом все закончится. Вы никогда и не узнали бы, что на самом деле вам отошли миллионы. Вот к чему подводил вас Лутов.

Она давно уже ушла, а я все сидел в том самом кафе на Колхозной площади, где мы с ней когда-то встречались. Что стало с моей жизнью? Во что она превратилась?

Миллионы долларов. Что мне с ними делать? Наверное, можно начать какое-то свое дело, но я этого не умею, у меня к этому нет вкуса. Я не организатор, я журналист. Можно просто жить на эти деньги без забот и хлопот. Просто жить... как жить? Как?

Говорят, если перекрыть доступ кислорода в мозг даже на три минуты, могут начаться необратимые изменения и человек становится инвалидом на всю оставшуюся жизнь. Вот и со мной произошло то же самое. Всего несколько недель я был живым мертвецом, но больше я уже не оживу. Я потерял Вику, я потерял друзей, потерял работу. Мне ничего больше не хочется в этой жизни. Даже жить не хочется. Этих нескольких недель оказалось достаточно, чтобы я утратил всякую связь с окружающей меня жизнью. После того, как я поступил с Викой, я не смогу больше любить никого, даже ее. После того, что со мной сделал Лутов, я не смогу никому верить. После того, что я сделал со своей жизнью, я не могу жить.

Все стало ненужным и неинтересным. У меня не может быть никакого «завтра», потому что вчера я уже умер.

Апрель — август 1997 г.

Литературно-художественное издание

Маринина Александра Борисовна
Я УМЕР ВЧЕРА
Т. 2

Издано в авторской редакции

Художественный редактор *А. Стариков*
Художник *В. Щербаков*
Технические редакторы
Н. Носова, Г. Павлова
Корректор *В. Назарова*

Изд. лиц. № 065377 от 22.08.97.
Налоговая льгота — общероссийский классификатор продукции ОК-005-93, том 2; 953000 — брошюры

Подписано в печать с готовых диапозитивов 01.02.99.
Формат 70×90 1/32. Гарнитура «Таймс».
Печать офсетная. Усл. печ. л. 14,6. Уч.-изд. л. 11,5.
Доп. тираж 40 000 экз. Зак. 330

ЗАО «Издательство «ЭКСМО-Пресс»,
123298, Москва, ул. Народного Ополчения, 38.

Отпечатано на ордена Трудового Красного Знамени Чеховском полиграфическом комбинате Государственного комитета Российской Федерации по печати
142300, г. Чехов Московской области
Тел. (272) 71-336. Факс (272) 62-536

ПОЛНЫЙ ПЕРЕЧЕНЬ ПРОИЗВЕДЕНИЙ А. МАРИНИНОЙ

■

ШЕСТИКРЫЛЫЙ СЕРАФИМ, 1992
СТЕЧЕНИЕ ОБСТОЯТЕЛЬСТВ, 1993
ИГРА НА ЧУЖОМ ПОЛЕ, 1993
УКРАДЕННЫЙ СОН, 1994
УБИЙЦА ПОНЕВОЛЕ, 1995
СМЕРТЬ РАДИ СМЕРТИ, 1995
ШЕСТЕРКИ УМИРАЮТ ПЕРВЫМИ, 1995
СМЕРТЬ И НЕМНОГО ЛЮБВИ, 1995
ЧЕРНЫЙ СПИСОК, 1995
ПОСМЕРТНЫЙ ОБРАЗ, 1995
ЗА ВСЕ НАДО ПЛАТИТЬ, 1995
ЧУЖАЯ МАСКА, 1996
НЕ МЕШАЙТЕ ПАЛАЧУ, 1996
СТИЛИСТ, 1996
ИЛЛЮЗИЯ ГРЕХА, 1996
СВЕТЛЫЙ ЛИК СМЕРТИ, 1996
ИМЯ ПОТЕРПЕВШЕГО — НИКТО, 1996
МУЖСКИЕ ИГРЫ, 1997
Я УМЕР ВЧЕРА, 1997
РЕКВИЕМ, 1998
ПРИЗРАК МУЗЫКИ, 1998

Свои пожелания Александре Марининой вы можете высказать по следующему адресу: Интернет http://www.marinina.ru

■